中国史学史

蒙文通 著

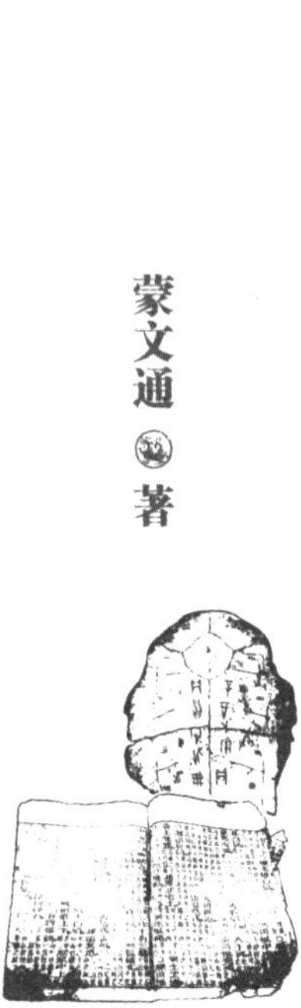

巴蜀书社

图书在版编目（CIP）数据

中国史学史 / 蒙文通著. -- 成都 : 巴蜀书社, 2019.7
（巴蜀百年学术名家丛书）
ISBN 978-7-5531-1116-2

Ⅰ. ①中… Ⅱ. ①蒙… Ⅲ. ①史学史－中国
Ⅳ. ① K092

中国版本图书馆 CIP 数据核字（2019）第 035885 号

ZHONGGUO SHIXUESHI

中 国 史 学 史

蒙文通　著

责任编辑　王承军
出　　版　巴蜀书社
　　　　　成都市槐树街 2 号　邮编 610031
　　　　　总编室电话：（028）86259397
网　　址　www.bsbook.com
发　　行　巴蜀书社
　　　　　发行科电话：（028）86259422　86259423
经　　销　新华书店
内文排版　四川最近文化传播有限公司
印　　刷　成都东江印务有限公司
版　　次　2019 年 7 月第 1 版
印　　次　2019 年 7 月第 1 次印刷
成品尺寸　130mm × 210mm
印　　张　8.25
字　　数　156 千
书　　号　ISBN 978-7-5531-1116-2
定　　价　48.00 元

目　录

中国史学史

绪　言

中国史籍之富，并世诸国，莫之与京。以我国土广民殷，开化最早，文献之传，百世所崇。是以记载纷纭，难可统纪。欧美列邦，建国既晚，诚不足校。即印度宿称古国，经乘浩穰，亦史缺无征。则以群希出世，其于人事陈迹，藐不关怀。中国则所尚者儒学，儒以六经为依归，六经皆古史也。祖述尧舜，宪章文武，遵先王之法，为奕世不易之规。此故志新乘所由绳绳靡绝者欤？则称中国为历史之国家可也。篇籍既博，则事宜钩要，苟徒取糟粕，尘秽简牍，而欲以穷其蕴奥难矣。窃以中国史学之盛，有三时焉，曰晚周，曰六朝，曰两宋，皆思想廓落之会也。体制革新，陈义深远，宏文迭出，名家踵武，虽汉唐盛世，未足比隆。诚以析理精莹，则论列足采；视天梦梦，则去取斯昏。故哲学发达之际，则史著日精；哲学亡而史亦废。先秦诸子，不可及也，故于时国史、家史，众制并作，灿烂足观。至汉仅经术章句之儒耳。魏晋名、法、道、墨，杂起朋兴，高谈名理，弃汉学若粪土。而干、孙之作，号五百年史例中兴，此史学之再盛也。至唐则宗教大盛，士惟知笃信谨守，于是令狐、姚、李，尚不得为记注之良，更何论于撰述，而史又衰。其在北宋，一排唐人博综之学，研精义理，超绝古今。于是司马、欧阳，前驱拥彗，逮于南宋，胜义纷陈，此史学之又一盛也。晚宋至明，而史几乎以熄。舍此三时，虽有纂述，才记注耳。记注、撰述，判若渊云，岂可同语？滥竽良史，即班述《汉书》，唐修五史，搜罗非不博，比校非不明，然漫无纪要，未睹风裁，谓之整齐故事则可，揆诸《春秋》所以为《春秋》之义，宁无歉然？爰依此旨，谨述三时，汉、唐、元、明，备之而已。清世以师资既昵，亦举大要，俾明流变。

第一章　晚周至汉

一　周代学术发展之三阶段

孟子曰："《诗》亡然后《春秋》作。"盖十五国风次第衰竭，而侯国《春秋》次第以兴。此道术迁变之一会乎？史学盖继文学而起。刘、班之伦，以为"古之王者，世有史官，左史记言，右史记事，言为《尚书》，事为《春秋》，帝王靡不同之"。若《春秋》之作，自三古而然。显背孟子之意，亦诬而已也。《墨子·明鬼》言："昔者三代圣王，尧、舜、禹、汤、文、武者，足以为法乎？"则举《大雅》《商书》《夏书》之伦以明之。叔世之鬼，举《春秋》以明之。此《春秋》编年兴于晚季之证乎！

《明鬼篇》言：

"周宣王杀其臣杜伯而不辜。"西周之季也。

"齐庄君之臣有王国里、中里徼者。"当宣、幽之世。

"郑穆公当昼日中处乎庙，有神入门而左。"当襄王、匡王之世。

“宋文君鲍之时，有臣曰祐观辜。”当匡王、定王之世。

“燕简公杀其臣庄子仪而不辜。”当敬王之世。

《墨子》论宣、幽以下之鬼，本其事于周之《春秋》、齐之《春秋》、宋之《春秋》、燕之《春秋》，郑穆公事，当本于郑之《春秋》，《墨子》书误脱之耳。共和以上，则以《大雅》《尚书》为说；共和以下，则以《春秋》为说。此非《春秋》作于《诗》亡之显证欤！

《诗》亡之时，著见于三百篇，郑氏《诗谱》亦有所论，可表见之：

宋终戴公	在宣王、平王之世。
王终庄王	
齐终襄公	在庄王之时。
唐终献公	在惠王、襄王之时。
郑终文公	
鲁终僖公	
秦终康公	
卫终文公	皆在襄王之时。
曹终共公	在襄王、顷王之时。
陈终灵公	在定王之时。
桧	郑玄言当夷王、厉王之时。

魏　　　　郑玄言当平、桓之世。

就此十二国《诗》言之，明夷、厉以后，至乎顷、襄，而《诗》零落以尽。独陈之《株林》最晚，此所谓《诗》之亡也。而司马迁叙周秦本纪、诸侯世家，其有年数可征，然皆不甚早。各国纪年所始，其《春秋》编年次第以作之时乎！班固言："《春秋》《殷历》皆以殷、鲁自周昭王以下无年数。"《周本纪》自厉王始有年。《燕世家》则曰："自召公以下九世至惠侯，燕惠侯当厉王奔彘共和之时。"《晋世家》言："靖侯以来，年纪可推。自唐叔至靖侯，五世无其年数。靖侯十七年，厉王出奔于彘。"晋之五世不知年数，而其君尚可知；燕之九世，并其君不知也。则燕之《春秋》作始又晚。详考《史记》诸国始纪之年，其侯国《春秋》始作之年乎？则正接《诗》亡之际也。可表明之：

齐自献公，有九年，而武公，其十年入共和。

秦自秦侯，有十年，而公伯，有三年，而秦仲，其四年入共和。

卫自顷侯，有十二年，而釐侯，其十四年入共和。

蔡武侯

曹夷伯

陈幽公

宋釐公

楚熊勇　皆当共和之世始有年数。

上列各国多者二十三四年入共和，少者十数年或六七年入共和，而列邦之年始可具知。《陈杞世家》言："杞谋娶公当周厉王时。"谋娶公而武公始有年，则又或在共和后也。斯则诸国《春秋》之起，皆在共和前后之时。惟鲁独早，岂以礼文备物故耶？郑以始封之晚，吴、越又绝远中国，皆不论。是《诗》尽于东周之初，而《春秋》作于西周之末，《春秋》与《诗》相代嬗，是《墨子》所论非偶，孟子之言非虚，皆囿于实事，故义无歧出，刘、班云云，正所谓非愚则诬而已。

司马迁一则曰《左氏春秋》，再则曰《春秋国语》，其实义旷世莫能解，而讼说以纷纷，斯亦右史、左史之言蔽之耳。由《韩非·奸劫弑臣篇》言之，其征引《春秋》，固即《国语》，非书言：

> 楚王子围将聘于郑，未出境，闻王病而返，因入问病，以其冠缨绞王而杀之，遂自立也。

又言：

> 齐崔杼，其妻美，而庄公通之，数如崔氏之室……崔子之徒以戈斫公而死之，而立其弟景公。

韩非上征二文，皆同于《左氏》，制比《国语》，而韩非目以"《春秋》记之曰"。此与墨子所述周、宋、燕、齐之《春秋》，体无殊致，论述详实，固即《春秋》。斯则以《春秋》与《尚书》别左右史，惟以仲尼笔削之文专《春秋》之名者隘矣。盖仲尼所定，与《左氏》《国语》并为《春秋》，不可相离。犹司马《通鉴》重以《目录》，互为表里，相待益彰。《左氏》所称“诸侯之策”，《公羊》所称“不修《春秋》”，董狐所笔，《坊记》所征，文举纲维，以系委曲，一疏一详，疏为详起也。疑于《春秋国语》《左氏春秋》之名者，不已固乎？由《国语》之实为《春秋》以论，其在孔氏《春秋》之前者，《周语》始穆王，晋始武公，郑始桓公。《左氏》记事，亦颇有前于孔氏《春秋》者。此百国《春秋》实起于共和前后之又一验也。《齐语》但记桓公，与《左氏》相应，桓公以下有齐事，由他国事及之耳。后则为记晏婴事。《郑语》惟记桓公，亦与《左氏》所记相接，庄、昭以下事，亦由他国事并及之耳。后则为子产事。吴、越同后起而雄，固无待论。《左氏》《国语》二书，若相待而不可以分。《左氏》自桓迄襄，晋三军将佐，粲然明备，惟僖二十一年蒐于清原作五军，而将佐缺如。《晋语》独于此言赵衰将新上军，箕郑佐之，胥婴将下军，先都佐之，余均未之论。《左氏》已言者，《国语》则不言，《左氏》未言者，《国语》仅于此言之，两书相足，情若剖符。岂偶然耶！《论衡·案书篇》言：“《左氏》

传经，辞语尚略，故复选录《国语》之辞以实。”见《国语》《左氏》初为一书，汉师离之，乃为二帙。《国语》即为《春秋》，马迁所云《左氏春秋》即所云《春秋国语》，不已明乎？《虞氏春秋》十五篇，《春秋》家又有《虞氏微传》二篇，王充所云“《左氏》解经，辞语尚略”者，倘即指《春秋》家《左氏微》二篇而言之耶？论者或偏执于文体不类、事相缪刺为辞。岂谓今之《左氏》为一体之文，严、颜所传《公羊》之本遂无出入哉？知《国语》之实即《春秋》，则“《诗》亡然后《春秋》作”者，实国风之变而为《国语》，《国语》又从而出其纪纲大端，以为事目，孔氏依之以笔削，《春秋》之名遂为孔书所专，而《国语》反不得以《春秋》许之也。

刘知几言：“赵鞅，晋之一大夫尔，犹有直臣书过，操简笔于门下。田文，齐之一公子尔，每坐对宾客，侍史记于屏风。”诸侯之国史既盛，至是而大夫之家史又起也。《左氏》书于春秋之末，晋以叔向、齐以晏婴、郑以子产，大夫之记载綦详，而诸侯之记载翻略。是家史盛而国史又衰，此非学术之又一变乎！晏婴书名《春秋》，始见《史记》，昔贤固尝疑之。然史迁言：“虞卿著书，曰《节义》《称号》《揣摩》《政谋》……凡八篇，以刺讥国家得失，世传之曰《虞氏春秋》。”此亦何与刘、班右史记事之旨。况《十二诸侯年表》所论，复有铎椒、吕韦；《艺文》所志，复有李氏，皆名《春秋》，而书在九流，胥所谓一家之言，事与孔经绝远。而衡以《国语》为《春秋》之义，斯众家之篇，比于《左》《国》。则《春秋》之目，实得其宜。殆诸侯之史曰“国语”，“国语”，《春秋》也。大夫之史曰“家语”，“家语”，亦《春秋》也。此秦焚篇章，《诗》《书》百家语有禁，史迁亦曰“百家杂语”。诸子书曰家语，曰百家，是固由大夫之史，沿“国语”之号转变而来。则晏子辈之《春秋》，谓之《晏子家语》可。《孔子家语》，名始见《严氏春秋》，谓之《孔子春秋》亦可。孟、荀、庄、韩之书，皆应以家语、以春秋名，割裂之久，遂莫悉其源。疑所不必疑，而继以辩所不必辩，岂不悖哉？秦禁百家之书，推其说于“往者诸侯并作语”，其烧《诗》《书》，亦以“诸侯史记尤甚”，此家语、国语事之一贯。《左氏》书末，独详晏婴、子产，殆又以家语续国语，而统为《春秋》。《诗》亡然后《春秋》作，其流之广若是。家史既盛，谨于一人之言，则史学衰而哲学兴，故曰此学术之又一变也。奚言乎史学至是而衰也。《国语》《左氏》述事周悉，至战国则缺略谬误，惟纵横长短之说是纪。上视《国语》《左氏》，瞠乎其后。若曰刘向辑书，惟限《国策》，刊落盖多，是又不然。马迁述史，远在子政之先，所取战国之事，岂不囿于刘氏所录？是非子政之咎审矣。若曰焚书以往，所存已鲜，刘、马所睹，皆未得全，斯又不然。《六国年表》言："独有《秦记》，又不载日月，其文略不具，然战国之权变，亦有可颇采者。"秦之史为然，诸侯之史谅亦如斯。文略不载日月，惟有权变，是刘、马所窥，《国策》所著，一代之史，固若是耳。岂非史之衰乎？是西周之初，文学为盛，而史即寓乎文。若孟、墨之引《太誓》，孔子之引《夏书》，皆属韵文。墨征《大雅》，亦云《周书》。此皆史之初寄乎《诗》，《国语》兴则史离《诗》而独立也。《左》《国》所述，名理实繁，此哲学之初寄乎史；家语作，则哲学又离史学而独尊。此周代学术转变之阶段也。《左》《国》所采者广，上接乎《书》，下及乎子，若晏婴，若叔向，若子产；又旁收短书小记，若《师春》，若梓慎、裨灶之俦，不可胜论，所取既博，而事若丛书也。子政所校曰中秘书，曰臣某书、太史书、太常书，即诸子之篇，亦参互杂出，非成一手。《左》《国》同异，岂遂鸿沟之不可合耶？以《越绝》一编言之，胡应麟、洪颐煊诸家，以《内纪》八篇即杂家之《伍子胥》书，东汉文士，盖又取他书附益之。是《子胥》一书，比于《晏子》，特偶不见取于《国语》，后合他书为《越绝》以孤行。而《越语》下者，则又取异篇以合于此，事可识也。《晏子春秋》，刘向所见诚非一本，又或见《左氏》之中，或出《左氏》之外，明《左》之所见亦未必全，而他书言晏子则更夥矣。《国策》言三家分晋，于《赵策》之第二章，即取之《韩非·十过》，与第一章事颇不同。此言智过，而彼谓郗疵，亦与《魏策》不侔；此言赵葭、魏宣子事，而彼谓任章、魏桓子，此为取之《十过》，知彼三策之首言分晋事，谅又别出一书。《左氏》下及鲁悼、智伯之诛，顾遗此简，《国策》得而录之。然分晋后几百年无所纪，独《魏策》纪文侯、武侯事，似即据儒家之《魏文侯》六篇。纵横家苏、张之书，当亦在焉。若刘向所据曰《国策》，曰《国事》，曰《短长》，曰《事语》，曰《长书》，曰《修书》。是《左》《国》《国策》《越绝》，并为丛书。即晏婴、庄周、荀卿、墨翟之书，亦莫非出于类集，奚必大、小二戴所传《礼记》而后出于缀集哉？乃《国语》成后，合众录为一家之书，自《左传》别出，又离一编为二体之作，分合迁讹，真遂不显，而异论以滋起也。

二　论《尚书》之传写与体例

余于《左氏》之引《尚书》，而知《尚书》之必出于春秋之前。周世成均之儒，固尝变易其文而存其意，事或邻于象胥也。何以言之？《左》《国》恒引虞、夏、商、周之书，文同汉师所传，则汉之《尚书》，其必为春秋以前之书，无足疑也。训诂改字，或文小殊，亦未足论。乃有意则似而文绝不侔者，何耶？《康诰》曰："子弗祇服厥父事，大伤厥考心。于父不能字厥子，乃疾厥子。于弟弗念天显，乃弗克恭厥兄。兄亦不念鞠子哀，大不友于弟。"此汉师之所传也。臼季则征《康诰》曰："父不慈，子不祇，兄不友，弟不恭，不相及也。"（《左氏》僖三十二年传）苑何忌则征《康诰》曰："父子兄弟，罪不相及。"（《左氏》昭二十年传）旨则犹近，文则相远，既非佚书，事同传译，仅存大意，视训诂改经又进也。其在汉世，《孝章纪》所引《书》同于臼季，《谢弼传》所引《书》同于苑何忌，岂非别为一本，至汉犹存乎？则一《康诰》之文，而周、汉之本有三，有旧书，有新起，分篇别行，事固不惑，《尚书》之滋起于后世亦审矣。若《公羊》文十二年传曰："何贤乎缪公，以为能变也。其为能变奈何？惟诙诙善诤言，俾君子易怠，而况乎我多有之。惟一介，断断焉，无他技。其心休休能有容，是难也。"征之《秦誓》，文则大殊，亦是类也。井研廖师以"《牧誓》一名《泰誓》，本名《大誓》。秦汉以前引《大誓》凡十数见，《牧誓》之名不见引用。西汉之时，别得《大誓》传说，博士合为二十九篇，遂使《牧誓》《大誓》经与传分为二篇。《孟子》《左》《国》

所引《大誓》之文，西汉本无之，博士所得乃事传，《孟子》《礼记》《左》《国》诸书所引，乃今文师说也。《国语》引《大誓》，故为解释《大誓》之师说，非《大誓》原文也。《天志中》引《大誓》之道曰：'纣越厥夷居，不肯事上帝，弃厥先神祇不祀，乃曰吾有命。无廖僔务天下。'是即说经'昏弃厥肆祀弗答'之言。《非命下》引《大誓》之言殷王：'谓人有命，谓敬不可行，谓祭无益，谓暴无伤，上帝不常，九有以亡。'即解经'恭行天罚'之意。孙星衍本引《本纪》《大誓》篇云：'今殷王受，乃用其妇人之言，自绝于天。'是经'惟妇言是用'师说。又引《大誓》云：'乃断弃其先祖之乐，乃为淫声，用变乱正声，怡悦妇人。'是'妇言是用，弃祀弗答'师说。"则《大誓》惟一，又复别有周世所引之《大誓》，与西汉所得之《大誓》（马融说），则《大誓》有三，且复变《大誓》名《牧誓》也。于《禹贡》之外，复有《九共》，《尧典》之外，复有《帝诰》，杂然并起，事之显白若此。则周之《尚书》，分行既广，或先或后，章篇猬集，其非二帝三王之书而出于后儒所述无惑矣。既恒为春秋所述，谅其事或起当《诗》亡而《春秋》作之时。史为一代学术所归，《春秋》既以陈近事，复以《尚书》道往昔，故曰《尚书》。"曰若稽古帝尧"，其为由后述前之辞亦审矣。

信《尚书》者，以为斯诚三古之书。疑者曰，是固秦汉儒者所造。夫立言期于有验，岂苟而已哉？窃尝考之，《周书》曰“侯甸男邦采卫”，曰“侯甸男卫邦伯”，曰“庶邦侯甸男卫”。西周之初，何尝具五服之名？逮夫穆王，始曰：“邦内甸服，邦外侯服，侯卫宾服，蛮夷要服，戎狄荒服。”及《周官·大司马》辨九服而事又不同。乃《夏书·禹贡》已列五服，义比穆王。姬周数百年间，制已三易，历虞夏千有余岁，名出一辙，事固可信乎？周制野九一而助，野人惟力田，国中什一使自赋，则出兵，则建学。若王太子、王子、群后之子，公卿大夫之适子，入大学则曰国子，司环卫则曰诸子，或庶子。农民、战士、贵族，三者阶级判然，余别于论《周官》文中详陈之也。而《尧典》曰：“以亲九族，平章百姓，协合万邦，黎民于变时雍。”曰九族，曰百姓，曰黎民，三者显别，事亦符周世百姓、黎民之分。本师左庵亦尝申论之也。舜命九官，“帝曰弃，黎民阻饥，汝后稷，播时百谷”，此黎民惟事百谷也。“帝曰契，百姓不亲，五品不逊，汝作司徒，敬敷五教”，百姓则司徒教之。“帝曰夔，命汝典乐，教胄子”，胄子则典乐教之。是同《周官》司徒教六乡之士，而大司乐教国子也。《周官》《孟子》所述之制，下及白起、犀首争于战功之际，事已大变，而谓虞夏之下同周度可乎？则《尚书》之未可全信为三代之旧篇也。

《书》起春秋之前，而穆王之后，其所纪者，足以为三古之实乎？曰可。吾意乎旧之《尚书》，朴略简僿，其事倘若《夏正》《山经》。此庄子所谓“旧法世传之史”，而荀卿所谓“法则度量刑辟图籍”。至周之衰，而润色为演畅之文耳。试申言之：一曰《尧典》之言天象。曰“日短星昴”，“日永星火”，“宵中星虚”，“日中星鸟”，此之中星，非商、周、秦、汉之天象，而唐虞之天象也。《夏小正》记夏之天象事则异。《国语》言武王克殷，商周间之天象，事则异，《吕氏春秋》言秦之天象，事则异。《尧典》之记中星，非文起唐虞，乌能不爽如此。吕氏之时，历法不知古今天象不同，故言“黄帝作刻漏，仲春之月日在奎”，则以秦之天象，说唐虞以往之天象，故事大悖谬。郑玄亦不解此，故注《尧典》不免乖误。以于时中国历学，尚未足以明此也。苟《尧典》所记为后人推知，则《书》非起汉后不可。《夏小正》等，亦莫不然。儒者固未有以《尚书》为出汉后者也。二曰《尧典》之言官制。《尧典》所明，天子命九官、十二牧，必咨之四岳；禅让必咨之四岳；治水，政之大者，必咨之四岳。四岳者，四方诸侯之长，居中央共天子理万机者也。次则内有九官分掌庶事，外有八伯以率诸侯。十二牧则天子大夫，使于十二州以监诸侯者也。其内外相维如此。亚于天子惟四岳，而权势最重。此见诸侯政治地位之高。“钦四邻”，则不在中央政治组织之内，若天子私人之徒友耳。《书传》曰："天子必有四邻，前曰疑，后曰丞，左曰辅，右曰弼，其爵视卿，其禄视次国之君。"盖比于汉武之有严助、朱买臣、吾丘寿王之徒，惟近昵天子，居中以与九卿图论治道耳。《洛诰》曰"乱有四辅"，即四邻也。《文王世子》言："虞、夏、商、周，有师保，有疑丞，设四辅及三公。"唐虞惟有四邻，周则惟有三公。盖历夏商而四辅变易为三公，昔之地亲而位卑，后则秩尊而势重。四岳易而为二伯，周召之俦，入为三公，出为二伯。是以四邻之人，当四岳之任，于是天子益尊、诸侯益轻也。九官变为六官，十二牧变为三监，监于方伯之国，《郑志》释《左传》五侯九伯，谓州有一侯二伯，则周有十八伯，为五十四监，复有命卿。天子之所以制诸侯者益密。虞夏殷周历久，而内外之势变易若此其剧。惟唐虞之情则然，是以有唐虞之制，其不与周同若此。虽后人以周制说司徒、后稷、典乐为巨失，而四岳、九官、十二牧、八伯、四邻，其为唐虞之旧不可诬也。三曰《禹贡》之言山川。夫《职方》为西周之书，其山川薮泽已不同于春秋战国之情。若《禹贡》之事，又异《职方》。由《禹贡》《职方》《尔雅·释地》比类而观，其显示之地理知识各不同，而中国地域次第发达之情可察也。原《禹贡》之书，疏谬实多，而详实者，仅由渭入河、由河出济，东西一线耳。于雍州则详于雍南渭水一道，于豫州则详于豫北滨河一道，于兖州则详于兖南滨济一道，于徐州则详于徐北亦滨济一道。道山道水，则情更显然。于沿渭北之山也，则详。于沿南河之山也，则详。而东河一道之山，则略。于渭南河南之山也，则详。至道水之文，于西河也，则略。于南河也，则详。而东河也，则略。道渭、道沇、道洛，则详。道江、道漾、道淮，则略。其曰：“道黑水，至于三危，入于南海。”则妄也。道漾则东为北江，道江则东为中江，此固何说乎？曰：“桐柏至于陪尾。”陪尾，泗出也，此固何说乎？“岷山之阳，至于衡山，过九江，至于敷浅原。”此固何说乎？于荆州曰：“沱、潜既道。”于梁州亦曰：“沱、潜既道。”岂以荆之沱、潜即梁之沱、潜耶？梁之东、荆之西，诚非《禹贡》所能详矣。渭济东西一线，潍、淄、雍、沮、瀍、涧、酆水，其细已甚，则录之。荆、岐、梁山、大伾，其细已甚，则录之。盖《禹贡》所详者，即汉族肩摩毂击之邦；其略者，则民居以寡；其乖误者，则人迹罕经，徒有传闻焉耳。此《禹贡》时代之情形也。《职方》则开拓已广，自汾、潞、涞、易、弦蒲、扬纡、虖池、会稽、医无闾、昭余祁之属，皆《禹贡》之所不见，盖于周已为民庶耕牧之乡。《禹贡》所略者，《职方》已能详，《禹贡》所误者，《职方》独不误。春秋战国所记，则山川益备，岂非时愈后而开化益远乎？是《禹贡》之地理知识，决不得为周代之地理知识。余于论《禹贡》文中，已详言之也。即此三证，《尚书》根实出自三古可明。周人依其朴略之文，润色为条达之篇，演畅敷陈，而讹文以滋起矣。

墨子之征“文王在上，於昭于天”，而曰《周书·大雅》，岂《大雅》之为《书》欤？孟子之引《大誓》曰：“我武惟扬，侵于之疆，则取于残，杀伐用张，于汤有光。”此韵文也。墨子之引《大誓》曰：“天有显德，其行甚章，为鉴不远，在彼殷王。谓人有命，谓敬不可行，谓祭无益，谓暴无伤，上帝不常，九有以亡，上帝不顺，祝降其丧。”此韵文也。《左氏》征孔子引《夏书》曰：“惟彼陶唐，帅彼天常，有此冀方，今失其行，乱其纪纲，乃灭而亡。”此韵文也。岂《书》之与《诗》，初无二致，所谓衍之畅之，敷陈润色者，为据《诗》而作耶？《诗》则亡而《书》以兴，墨子以《大雅》为《周书》也可，孔、孟征《书》即《诗》也亦可。孔子曰：“吾犹及史之阙文也，有马者借人乘之，今亡矣乎？”阙文之史，谅即三古之书。《尚书》既兴而阙史渐废，及孔子而零落尽矣。孔子语宰予曰：“五帝用记，三王用度。”记、度即所谓阙史者乎？荀卿亦云：“三代虽亡，治法犹存。”大史终古出图法以奔商，内史向贽载图法以之周，孙伯黡司晋之典籍，而大史屠余以晋之图法归周，王子朝又奉周之典籍以奔楚，吴师入郢，蒙谷又负离次之典以浮于江，而逃于云梦之中。阙文之史，离次之典，数百年间，历历如是，周人所言三古之事，而可以为无所据而然耶？史公据《世本》言夏商世系最明，校以殷墟龟契所著先王先公，事固不爽，《尚书》所述，岂虚构无实哉？

朱晦庵跋袁枢《通鉴纪事本末》曰：

> 《春秋》编年通纪，以见事之先后。《书》则每事别记，以具事之首尾。意者史官于事之大者，则采合而别记之。若二典所记，上下百有余年。而《武成》《金縢》诸篇，其所记载，或更数月，或历数年。左氏既依经作传，复为《国语》，国别事殊，或越数十年而遂其事，盖亦近《书》体，以相错综云尔。司马温公述《资治通鉴》，今袁机仲作为此书，其部居门目，始终离合之间，又皆曲有微意，其亦《国语》之流矣。

以袁书为推本《国语》《尚书》，明《书》为纪事本末一体所由仿。章实斋论之详矣，而义实本之晦庵。实斋《书教篇》圆神之说，所以赞《尚书》者陈旨深远。而刘知几乃讥“尧、舜二典，直序人事，《禹贡》一篇，唯言地理，《洪范》总述灾祥，《顾命》都陈丧礼，兹亦为例不纯者也”，子玄岂知此固《尚书》之所以为《尚书》者乎？夫命官、天象、地理诸端，是正马、班书志之由仿。殷人以救野莫如敬，而小人之失鬼，故后史之符瑞、五行诸志可不作，而殷之《洪范》不录，则无以明殷之为殷。周人之教以文，三百三千，礼莫重于丧祭，后史之舆服、礼仪诸志可不作，而周之

《顾命》不录，则无以明周之为周。况天官、河渠、地理、百官之俦，倘阙焉不著，而谓足以备一代之文献哉？荀氏《汉纪》以来，备著书志之事。自孙之翰、司马光而后，编年之体，始惟取纪传以为文。袁氏因之，典制遂阙。此后世纪事本末一体，所由不足尽《尚书》之恢宏而即于隘。则因刘氏之瞀谈，翻足以补朱子之宏论者也。

三　晚周史学三系

传统史学，本于儒家。马迁言：“载籍极博，犹考信于六艺，《诗》《书》虽缺，然虞夏之文可知也。”儒家所传，以尧、舜、伊、周为圣智，以桀、纣、幽、厉为昏虐，而求之故记，则事或未然。绎诸驳说奇文，往往自同条贯，若六籍之外，别有异史可稽。至韩非所陈，更无一非孟子所谓“野人之语”，而“好事者为之也”。非子且进而诋儒者之传，以申己说。则古史定谳，几不可能。而各家持说殊异之由，亦未易解。近代今文家者流，则创为托古改制之说，以为上古茫昧，唐虞以降，悉孔氏虚构为说。凡古之明君贤相，皆邻于乌有子虚。然《左传》《国语》，今文家所斥为非孔子之徒者也，《左》《国》陈古事，而能同于孔氏者何耶？是其说又未易通也。

愚以偶读《天问》，观其叹惜往迹，方之韩、孟，意又不同。王逸言：“屈原见楚有先王之庙，及公卿祠堂，图画天地山川神灵，琦玮僪佹，及古圣贤怪物行事，因书其壁，呵而问之。”然后明《天问》所陈，皆本于楚人相传之史。《山海经》与《天问》相表里，将亦楚人之书。陆德明言《庄子》书：“凡诸巧杂，十分有三，言多诡诞，或似《山海经》，或类占梦书，注者以意去取。”陆氏固见五十二篇之书，说有征信。《庄子》文同《山经》，则其所秉者，谅又为楚人之说，此南方所传之史自为一宗耶？孔氏六经虽与诸子差异，未尽情实，而《左传》《国语》固不属洙泗之徒，而与《诗》《书》符一者，傥鲁人之传实然耶？则非孔氏一人所能臆构三古之事也。汲郡古文，发自魏冢，其云舜囚尧，复偃塞丹朱，益干启位，夏年多殷，说独符于韩非，则又三晋之传实然耶？儒非墨，墨非儒，若冰炭之不同器。而墨子述古事，皆大异于韩非，而悉同于孔孟，岂非以鲁人之故而同自一本耶？故书传记之陈古史，驳文虽多，要不出此三系。诚以鲁人宿敦礼让，故说汤、武俱为圣智；晋人宿崇功利，故说舜、禹皆同篡窃；楚人宿好鬼神，故称虞夏极其灵怪。三方称道古史不同，当即原于三方之思想各异，孟子言：“晋之《乘》，楚之《梼杌》，鲁之《春秋》。”殆即显示史为三派，非苟而已。考论周秦诸子，派别统系，群言淆乱，分合靡准。诚以言义理则人有出入，难可据依，由史而言，则事有定质。推此三派，则于晚周学术亦可准此辨之。非徒明史，复足以探诸子源流，斯亦彼时文化之大限也。爰比辑异说以为质验。

（一）伊尹

〔东系〕万章问曰：“人有言，伊尹以割烹要汤，有诸？”孟子曰：“否，不然，伊尹耕于有莘之野，而乐尧舜之道焉。汤三使往聘之，故就汤而说之以伐夏救民。”

〔北系〕《韩非·难言》：“汤至圣也，伊尹至智也，夫以至智说至圣，然且七十说而不受，身执鼎俎为庖宰，昵近习亲，汤乃仅知其贤而用之。”

〔南系〕《天问》：“成汤东巡，有莘爰极，何乞彼小臣，吉妃是得？”“水滨之木，得彼小子，夫何恶之，媵有莘之妇？”《吕氏春秋》盖即依此为说。其《本味篇》曰：“有侁氏女子采桑，得婴儿于空桑之中，献之其君，察其所以然，曰：‘其母居伊水之上，孕，梦有神告之曰：“臼出水而东走，毋顾。”明日，视臼水出，告其邻，东走十里，而顾其邑尽为水，身因化为空桑。’故命之曰伊尹。伊尹长而贤，汤闻，使人请之有侁氏，有侁氏不可。伊尹亦欲归汤，于是请取妇为婚，有侁氏喜，以伊尹为媵送女。汤得伊尹，设朝而见之，说汤以至味。”

伊尹就汤之事惟一，孟子、韩非、《天问》三系之说不同。由韩非之说，足证万章所问之有自，而孟子必辟之。《天问》之说固又自不同，而《吕览》杂家即取以为说。若《墨子》言：“汤将往见伊尹，令彭氏之子御，彭氏之子曰：‘伊尹，天下之贱人也。君欲见之，亦令召问焉，彼受赐多矣。’”汤逐黜彭氏之子，则孟子说伊尹耕于有莘，惟《墨子》意与之合，以同为邹鲁之说也。然孟子说伊尹五就汤，五就桀，治亦进，乱亦进，圣之任者，则非躬耕之人也，割烹之说，不几可信欤！

（二）太公

〔东系〕《孟子》曰：“太公避纣，居东海之滨，闻文王作，兴曰：‘盍归乎来，吾闻西伯善养老者。’”

〔北系〕《韩非·喻老》言：“文王举太公于渭滨。”《吕氏春秋》即据韩非一派为说，曰：“太公望，东夷之士也，欲定一世而无其主，闻文王贤，故钓于渭滨以观之。”《齐世家》：“太公以鱼钓奸周西伯。”

〔南系〕《离骚》言：“吕望之鼓刀兮，遭周文而得举。”《天问》：“师望在肆昌何识？鼓刀扬声后何喜？”

太公文王之事，孟、韩、屈子三家之说又不同，或谓之屠，或谓之钓，或谓之隐士。《尚书大传》言：“散宜生、闳夭、南宫括三子者学于太公，太公见三子知为贤人，遂与三子见文王于羑里。”伏生齐人之传，故说与孟子合。《史记》范雎说秦王曰：“吕尚之遇文王也，身为渔父，而钓于渭滨耳。”范雎魏人，故与韩非合，以同为三晋之传也。

（三）傅说

〔东系〕《孟子》曰：“傅说举于版筑之间。”《墨子》：“傅说被褐带索，庸筑乎傅岩。”

〔北系〕韩非言：“傅说转鬻。”

〔南系〕《庄子》：“夫道无为无形，傅说得之以相武丁，奄有天下，乘车维，骑箕尾，而比于列星。”

三系说傅说事意义不同，惟《墨子》与《孟子》合。

（四）伯夷

〔东系〕《孟子》：“伯夷，圣之清者也。”“不立于恶人之朝，不与恶人言。立于恶人之朝，与恶人言，如以朝衣朝冠坐于涂炭。”孔子曰：“伯夷、叔齐饿于首阳之下，民到于今称之。”

〔北系〕《韩非》曰："伯夷以将军葬于首阳之下。"而将军之说，惟《汲冢书》意与之符。《绎史》引《汲冢书》曰："伯夷、叔齐隐于首阳山，或告伯夷、叔齐曰：'胤子在鄁，父师在夷，奄孤竹而君之，以夹煽王烬，商可复也。'"

〔南系〕《天问》曰："惊女采薇鹿何祐？"《古史考》言："夷、齐采薇而食，野有妇人谓之曰：'子义不食周粟，此亦周之草木也。'于是饿死。"《列士传》言："二人遂不食薇，经七日，天遣白鹿乳之，得数日，夷、齐私念此鹿肉食之必美。鹿知其意，不复来。二子遂饿而死。"《古史考》《列士传》正释此《天问》之说，王逸《章句》与之略同。

（五）伯鲧

〔东系〕《鲁语》展禽云："鲧障洪水而殛死。"与舜勤众事而野死、稷勤百谷而山死并举，皆以为有功德于民。《史记》云："流共工于幽陵，以变北狄。殛鲧于羽山，以变东夷。"则鲧非以罪死也。

〔北系〕《晋语》臼季曰："舜之刑也殛鲧。"《韩非子》说："尧举兵而诛杀鲧于羽山之郊，流共工于幽州之都。"则鲧以罪死也。

〔南系〕《天问》言："永遏在羽山，夫何三年不施？"又言："鸱龟曳衔，鲧何听焉？化为黄熊，巫何活焉？”《吕氏春秋·行论》言：“尧以天下让舜，鲧怒甚猛兽，欲以为乱。比兽之角，能以为城，举其尾，能以为旌。以患帝舜，于是殛之于羽山，副之以吴刀。”

《左氏》季文子曰：“舜臣尧，流四凶族，投诸四裔，以御魑魅。”此史迁说之所本，与柳下惠同，皆鲁人之说。

（六）尧舜

〔东系〕咸丘蒙曰：“语云：盛德之士，君不得而臣，父不得而子。舜南面而立，尧帅诸侯北面而朝之，瞽瞍亦北面而朝之。舜见瞽瞍，其容有蹙。孔子曰：于斯时也，天下殆哉岌岌乎！”孟子曰：“否，此非君子之言，齐东野人之语也，尧老而舜摄也。”

〔北系〕《韩非子·忠孝》：“《记》曰：舜见瞽瞍，其容造焉。孔子曰：当是时也，危哉，天下岌岌，有道者父固不得而子，君固不得而臣也。”《吕氏春秋》说：“尧传天下于舜，身请北面而朝之。”

咸丘蒙之所问，正韩非所称之《记》，而孟子则斥为野人之语者，《吕氏春秋》亦与咸丘蒙所问同，知亦北方之史。

〔东系〕《孟子》曰：“尧崩，三年之丧毕，舜避尧之子于南河之南。”“舜崩，三年之丧毕，禹避舜之子于阳城。”“禹崩，三年之丧毕，益避禹之子于箕山之阴。”

〔北系〕《汲冢古文》云：“昔尧德衰，为舜所囚。”又云：“舜囚尧，复偃塞丹朱。”盖囚尧、偃朱二城，是南河之南处也。又云：“益干启位，启杀之。”《韩非子·难三》：“夫尧之贤，六王之冠也，舜一从而咸包，而尧无天下矣。”《说疑》：“舜逼尧，禹逼舜，汤放桀，武王伐纣。”《忠孝》言：“瞽瞍为舜父，而舜放之。象为舜弟，而舜杀之。妻帝二女，而取天下。”《外储说右下》言：“禹爱益而任天下于益，已而以启人为吏。及老而传天下于益，而势重尽在启也。已而启以友党攻益而夺之天下。”《汲冢古文》言：“益干启位，启杀之。”

〔南系〕《庄子》言：“尧让天下于许由，许由曰：予无所用天下为。”“又让天下于子州支父，子州支父曰：我未暇治天下也。”“舜以天下让北人无择，北人无择因自投于清泠之渊。”“舜以天下让石户之农，石户之农夫负妇戴携子以入于海。”

《墨子·尚贤》云：“昔者尧举舜于服泽之阳，授之政，天下平。禹举益于阴方之中，授之政，九州成。”《墨子》说尧禹举贤，与《孟子》合，鲁人自相同也。《汲冢》魏书，与《韩非》合，三晋自相同也。《庄子》南方之说，故与东方、北方之说意皆不同。

（七）上古年代

〔东系〕《孟子》曰："由尧舜至于汤，五百有余岁。由汤至于文王，五百有余岁。由文王至于孔子，五百有余岁。"又曰："由周而来，七百有余岁也。"《三朝记》言："禹崩，十有七世乃有末世孙桀。成汤卒崩，二十二世乃有武丁。武丁卒崩，九世乃有末孙纣。"马迁、班固即本此说。

〔北系〕《韩非·显学》说："虞夏二千余岁，殷周七百余岁，而不能定儒墨之真，乃欲审尧舜之道于三千岁之前。"《汲冢古文》言："夏年多殷。"与《韩非》意合。《律历志》言张寿王治《黄帝调历》言："黄帝至元凤三年，六千余岁。"又言："化益为天子，代禹。"与《韩非》《汲冢古文》同，则黄帝至汉六千余岁之说，当亦出于三晋。

（八）全论叙古之土者，三系亦各不同

〔东系〕《子思子》言："东扈氏之时，道上雁行而不拾遗，余粮宿诸亩首。"《易·系辞》："伏羲氏通神明之德，类万物之情。"此亦仁智之说也。

〔北系〕《商君·画策》言："昔在昊英之世，以伐木杀兽，人民少而木兽多。"《韩非·五蠹》言："有巢氏构木为巢，以避群害。""燧人氏钻木取火，以化腥臊。"此亦功利之说也。

〔南系〕《庄子》言："赫胥氏之时，民居不知所为，行不知所之。"《天问》："女娲有体，孰制匠之？"此无为之说也，神怪之说也。

三方言上世之王既不同，而精神复又迥别。女娲之说，尤为重要。《风俗通义》言："天地初开辟，未有人民，女娲抟黄土为人，剧务，力不暇供，乃引绳絙泥中，举以为人。故富贵贤智者，黄土人也；贫贱凡庸者，引绳人也。"则女娲者，南方所言人类所由始出也。人类之始，女娲制之，而女娲则孰制之哉？此屈子所为问也。王逸曰："传言女娲人头蛇身，一日七十化。"则以女娲始以蛇身自化而为人，若曰生人之初自蛇而化成。闽、蛮皆从虫，固南方之族，人从蛇化之说。许慎言："女蜗，古之神圣女，化万物者也。"则万物亦自女蜗化之。《淮南子·览冥》："往古之时，四极废，九州裂，天不兼覆，地不周载，火爁炎而不灭，水浩洋而不息，猛兽食颛民，鸷鸟攫老弱，于是女娲氏炼五色石以补苍天，断鳌足以立四极，杀黑龙以济冀州，积芦灰以止淫水。天不足西北，故日月移焉；地不足东南，故百川注焉。苍天补，四极正，淫水涸，冀州平，狡虫死，颛民生。"此则女娲初辟天地之人，于时有火灾、有水灾，人类之有贵贱阶级，为自女娲而始。南方之说，固以女娲为天地万物生人之初。迄乎魏代，始有盘古之说，而女娲之说始废。

（九）汉人说古事不同，而每见其源于古之三系，以完廪浚井言之

〔出东系者〕《孟子》言："瞽瞍使舜完廪，捐阶，瞽瞍焚廪。使浚井，出，从而掩之。"赵岐于注《周子》曰："旋阶，舜即旋从阶下，瞽瞍不知其已下，故焚廪也。使舜浚井，舜入而即出，瞽瞍不知其已出，从而盖其井。"此原于邹鲁仁智之说也。

〔出北系者〕《史记》说："使舜上涂廪，瞽瞍从下纵火焚廪，舜乃以两笠自扞而下去。又使舜穿井，舜穿井为匿空旁出，舜既深入，瞽瞍下土实井，舜从匿空出去。"此原于三晋能力功利之说也。

〔出南系者〕沈约注《竹书纪年》及《宋书·符瑞志》、梁武帝作《通史》并云："使舜涤廪，二女曰：鹊汝衣裳，鸟工往，得飞去。又使浚井，二女曰：去汝裳衣，龙工往，自旁而出。"郭璞注《山海经》云："二女灵达，鉴通无方，尚能以鸟工龙裳救井廪之难。"《列女传》（《索隐》引）言："二女教舜鸟工上廪。"此皆源于楚人神怪之说也。若此之类甚多，意皆可推而明之。

四　东方前期文化与史学

谶纬之书，源于邹衍。阴阳家言，世所目为妖妄者也。然又有说焉。余尝以中国文化，起自燕齐东方滨海之区。而遂古东方王者，百家皆不能言，惟阴阳家末流谶记能言之。阴阳家固齐学，而常燕生氏以为海洋文化者也。惟海洋文化，能道海洋历史，不亦宜乎？萧仲仑氏以阴阳家为最初文化，惟最初文化能道最初历史，不亦宜乎？是故离阴阳家言，则中国之历史不得具，是又乌可废哉？初民之文化，固不离乎神教之妖妄，不妖妄，斯不得为初民之史料也。太史公言：

> 邹衍乃深观阴阳消息，而作怪迂之变，终始大圣之篇，十余万言。其语闳大不经，必先验小物，推而大之，至于无垠。先序今以上至黄帝，至天地未生，窈冥不可考而原也。先列中国名山大川，因而推之，及海外人之所不能睹。称引天地剖判以来，五德转移，治各有宜，而符应若兹。以为儒者所谓中国者，于天下乃八十一分居其一分耳。其术皆此类也。然要其归，必止乎仁义节俭，君臣上下六亲之施，始也，滥耳。

此邹氏之术所以为海洋文化，其要归乎仁义节俭，此其同乎儒墨之说。先秦百家皆诋毁仁义，惟儒墨谆谆言之。儒墨皆鲁人，则仁义者诚东方学术之根干也欤？阴阳家出乎齐，亦归乎仁义，此齐鲁之学异乎他方之一大限。而阴阳儒墨不相同，则儒墨为东方之后期文化，阴阳家则东方之前期文化也。求前期历史于前期文化，将不得为巨失欤？

图谶之学，本乎阴阳，而图谶之书，则成篇盖晚。张衡言：“刘向父子领校秘书，阅定九流，亦无谶录，成哀之后乃始闻之。”然则谶书之起，将何据而作乎？桓谭言：“今诸巧慧小才数术之人，增益图书，矫称谶记。”则谶记为依旧之图书而作也。图书何书耶？是盖有可得而论者。《赵世家》言：“昔秦缪公告公孙支与子舆曰：我之帝所甚乐，帝告我晋国将大乱，五世不安，其后将霸。霸者之子，且令而国男女无别。公孙支书而藏之，秦谶于是出矣。”《赵世家》以为“秦谶”，应劭《风俗通义》述此事则曰“秦策”。《贾生列传》言：“有鸮飞入贾生舍，止于坐隅，贾生自以为寿不得长，伤悼之，乃为赋以自广，曰：异物来集兮私怪其故，发书占之兮‘策’言其度，曰野鸟入处兮主人将去。”班固《贾谊传》征此文曰：“谶”言其度。审是，则谶书之即策书，所谓名在诸侯之策者也。“秦策”，公孙支所书，固秦人之史耶？《大宛列传》言：“初，天子发书《易》，云神马当从西北来。得乌孙好马，名曰天马。”荀悦《汉纪》十四述作：“初，上发谶书，曰神马当从西北来。”《封禅书》云：“（公孙）卿有札书，曰黄帝得宝鼎宛朐，问于鬼臾区，对曰：黄帝得宝鼎神策，是岁己酉朔旦冬至，得天之纪，终而复始。于是黄帝迎日推策，黄帝仙登于天。因嬖人奏之，上大说，乃召卿问。对曰：受此书申公，申公已死，齐人与安期生通，受黄帝言，无书，独有此鼎书，曰汉兴复当黄帝之时，曰汉之圣者，在高祖之孙，且曾孙也。”荀悦《汉纪》十三述此事曰：“公孙卿言黄帝得宝鼎而神化登于天，谶书言汉兴当黄帝之运，汉之圣德者，在高祖之孙。”知增损图书者，即增损策书、书《易》、札书、鼎书，以为谶记也。此谶纬之所据而以为书者也。史迁据旧文言之，曰策、曰易、曰札、曰鼎，班、荀据谶记已作言之，见其文在谶，而直以谶目之耳。则谶岂无本而妄作哉？史公已言秦谶，此公孙支之所书者，非秦策而何？则谶固史之类也。庄子言（《绎史》引）：“易姓而王，封泰山禅梁甫者，盖七十有二代，其有形兆垠堮者千八百余所。”管子言：“古者封泰山禅梁甫，七十有二家，而夷吾所记者十有二焉。昔无怀氏封泰山禅云云，宓牺封泰山禅云云……”曰形兆垠堮，是求诸基址遗迹而得者也；曰夷吾所记，是考诸碑碣遗文而得者也。先秦之代，齐人于此已优为之，下至木简之札，铜器之鼎，殆皆谶之所由取材。以其所可知，推所不可知，增损图书，大率准此。此燕齐之学必然之事，独以语涉缪幽而惑之，是不可谓通古今之变者也。

《春秋命历叙》言：“自开辟至获麟，分为十纪：一曰九头纪，二曰五龙纪。”又言：“人皇九头，提羽盖，乘云车，出旸谷，分九河。”《尚书大传》言：“遂人为人皇。”《雒书》言：“三皇号九头纪，人皇弟兄九人。”《易通卦验注》谓：“燧皇谓遂人，在伏羲前，风姓，始王天下者。”《春秋繁露》（佚文）言：“三皇抵车出谷口。”

《春秋命历叙》言：“皇伯、皇仲、皇叔、皇季、皇少，同姓同期，号曰五龙。皇伯登出搏桑日之阳，驾六蜚龙。次民氏没，辰放氏作，驾六蜚麟，出地郛，治二百五十岁。”宋均注曰：“辰放氏，皇次屈之名也。”又言：“昔辰放治世，离光次之，号曰皇覃。驾六凤凰，出地衡，在位三百五十岁。黄神氏号曰皇次，驾六蜚麇，三百四十岁。狟神氏次之，号曰皇神，出长淮，驾六蜚羊，政三百岁。五叶千五百岁。”

《命历叙》十纪之说最荒诞，然此历家之言，亦无足怪者。故或云“十纪，大率一纪二十七万六千年”，或云“二百七十六万岁”，其义一也。人皇即遂人，出旸谷，分九河。九河则古黄河下游之支流，在兖州，同为逆河，遂入于海。《尚书》言：“宅嵎夷，曰旸谷。”《说文》以“嵎夷在辽西”，则旸谷即渤海，古亦谓之少海，或幼海也。故《海外东经》《大荒东经》并云：“汤谷上有扶桑。”《说文》亦云：“日初出东方汤谷，所登扶桑若木也。”《南史·东夷传》慧深云：“扶桑国，贵人第一者为对卢，第二者为小对卢。”而《三国志》言高丽“其官有对卢”。《旧唐书》云：“高丽其官大者号大对卢。”慧深云：“扶桑之俗，其婚姻则婿住女家门外，作屋，相悦乃成婚。”而《三国志》言：“高丽其俗作婚姻，女家作小屋于大屋后，名壻屋。”斯皆足证扶桑之即高丽地，而于扶桑、嵎夷间求旸谷，自非渤海莫属。遂分九河，以地相接也。此纬家与仲舒皆齐学，而并以遂人始王，在渤海兖州之域也。《后汉书·东夷传》言：“高句丽其国东有穴，号曰燧神，以十月迎而祭之。”燧神应即燧人之神，出自扶桑、汤谷，信可验也。此人皇九头纪之说，后又易九头为三皇，则又后起之说也。

五龙纪之皇伯，曰皇伯登，“出搏桑日之阳”，是亦起于渤海、高丽之地，曰“出地郣”，“出长淮”，是亦东方滨海之区也。（《管子·轻重戊》言：“鲁削衡山之南，齐削衡山之北。”则“出地衡”者，即衡山；殆泰山山系迤东之地也。）《遁甲开山记》言：“石楼山在琅琊，昔有巢氏治此山南。”是亦滨海之区。《诗含神雾》言：“大人迹出雷泽，华胥履之，生宓牺。”郑氏说：“雷夏，兖州泽。”是亦东方滨海之区。《左氏》以“陈为太昊之墟”。而又曰：“任、宿、须句、颛臾，风姓也，实司太昊有济之祀，以服事诸夏。”风姓之裔，尚国于有济之域，则太昊起自雷夏之说不诬。而陈为太昊之墟，则其立为天子而都于是耳。《左氏》言“鲁有大庭氏之库”，是亦滨海东方之王者也。《三国志》《后汉书》以“三韩七十八国，地方四千余里，皆古之辰国也。马韩最大，共立其种为辰王”。《左氏》又言：“宋为大辰之墟。”辰放犹言辰方，倘宋与三韩为古辰放之封略欤？是亦东方之国也。是古之王者，胥起于海滨，理量可信。而百家莫能明，惟阴阳家末流纬谶之书能言之。岂非最初之历史，惟最初之文化乃足以传之哉？自儒墨以下皆不能道，此余之所以谓阴阳家为东方之前期文化，所传为东方之前期历史也。曰次民氏，曰辰放氏，曰离光氏之属，自《命历叙》外，胥不见于他书。然此亦未足辨，《商君书》有昊英氏，《吕览》有朱襄氏、葛天氏、阴康氏，《管子》有无怀氏，《鹖冠子》有成鸠氏，《子思子》有东扈氏，《庄子》有冉相氏、狶韦氏，皆无他书为之验质，又奚独于《命历叙》而疑之。若《胠箧》一篇所记，容成、大庭、柏皇、中央、栗陆、骊畜、尊卢之属，其名实繁。《周书·史记》列左史戎夫所论，有皮氏、华氏、夏后、殷商、有虞、平林、质沙、三苗、扈氏、义渠、平州、曲集、有巢、郐君、共工、上衡氏、南氏、有果氏、毕程氏、阳氏、谷平、阪泉氏、县宗、玄都、西夏、续阳、有洛氏，凡二十有八，是皆古之天子或诸侯，而出于周之左史所述，其书先行于汉代，复发于魏冢，事岂无稽，亦未能援他书以考。则自秦燔典籍，而书缺有间，以后之莫能考，而疑古之未必然，则过也。往者吾尝见新郑之铜器，谭城之陶片，观其致巧极精，远非秦汉以后所可跂及。知中国文化经秦火而退落，是岂徒典籍之祸已哉？非特晚周学术文章后世莫及，凡《诗》之草木鸟兽，《礼》之数度名物，凡而舟车、机杼、器服、饮食，名之精详、字之繁博，非文化之既久且高，讵易臻此。字书所列，群籍所存，自汉以降，悉皆废置，比于异物，后世所行，何其寥落粗浮也。由戎夫所述，庄生所陈，以上窥《命历叙》之言，惟惜残略，岂谓夸虚。晚近考古者言：“中国自有史以还，迄于今世，凡我民族，不见有淫酪之习，盖有史之际，离于游牧时代已久，不尔，是中国古代社会无游牧时代。”旨哉其信乎。《春秋繁露》言：“汤受命而王，亲夏，故虞，绌唐，谓之帝尧，以神农为赤帝。周人之王，亲殷，故夏，绌虞，而号曰帝舜，尚推神农，以为九皇。以圣王生则称天子，崩迁则存为三王，绌灭则为五帝。下至附庸，绌为九皇，下极其为民。”《汉旧仪》及《小宗伯》注并有“三王（旧作皇）、五帝、九皇、六十四民”之说，是并明中国历史之久远。《董子》为《公羊》齐学，与纬候同源，义亦相发，故并述之。

五　晚周各派之历史哲学

史者，非徒识废兴、观成败之往迹也，又将以明古今之变易、稽发展之程序。不明乎此，则执一道以为言，拘于古以衡今，宥于今以衡古，均之惑也。晚周各家，言往史之迹各异，而论为治之术亦殊。是其知识不同，而施为亦别，相互因果，故称述各违。三晋之学，法家者流，最明于史，持论明确，亦最可观。以今观之，亦颇有足疑者，兹先举其说，而以次衡之。

《商君·开塞》曰：

> 天地设而民生之，当此时也。民知其母，而不知其父，其道亲亲而爱私。亲亲则别，爱私则险，民众而以别险为务，则有乱。当此时也，民务胜而力征，务胜则争，力征则讼，讼而无正，则莫得其性也。故贤者立中正，设无私，而民说仁。当此时也，亲亲废，上贤立矣。凡仁者以爱利为务，而贤者以相出为道，民众而无制，久而相出为道，则有乱。故圣人承之，作为土地、货财、男女之分。分定而无制，不可，故立禁；禁立而莫之司，不可，故立官；官设而莫之一，不可，故立君；既立君，则上贤废而贵贵立矣。然则上世亲亲而爱私，中世上贤而说仁，下世贵贵而尊官。上贤者以道相出也，而立君者，使贤无用也。亲亲者以私为道也，而中正者，使私无行也。此三者非事相反也，民道弊而所重易也，世事变而行道异也。故曰王道有绳。夫王道一端，而臣道亦一端，所道则异，而所绳则一也。故曰：民愚，则知可以王；世知，则力可以王。民愚则力有余而知不足，世知则巧有余而力不足。民之生，不知则学，力尽

而服。故神农教耕而王天下，师其知也；汤、武致强而征诸侯，服其力也。夫民愚不怀知而问，世知无余力而服，故以知王天下者并刑，力征诸侯者退德。圣人不法古，不修今，法古则后于时，修今则塞于势。周不法商，夏不法虞，三代异势，而皆可以王。故兴王有道，而持之异理。武王逆取而贵顺，争天下而上让，其取之以力、持之以义。今世强国事兼并，弱国务力守，上不及虞、夏之时，而下不修汤、武，汤、武塞，故万乘莫不战，千乘莫不守，此道之塞久矣。而世主莫之能废也。故三代不四，非明主莫有听也。今日愿启之以效。古之民朴以厚，今之民巧以伪。故效于古者，先德而治。效于今者，前刑而法。此俗之所惑也。……夫民忧则思，思则出度；乐则淫，淫则生佚。故以刑治则民威，民威则无奸，无奸则民安其所乐。以义教则民纵，民纵则乱，乱则民伤其所恶。吾所谓利者，义之本也。而世所谓义者，暴之道也。……故王者刑九而赏一，削国赏九而刑一。夫过有厚薄，则刑有轻重，善有大小，则赏有多少。此二者世之常用也。刑加于罪所终，则奸不去；赏施于民所义，则过不止。刑不能去奸，而赏不能止过者，必乱。故王者刑用于将过，则大邪不生；赏施于告奸，则细过不失。治民能使大邪不生、细过不失，则国治。国治必强。一国行之，境内独强；二国行之，兵则少寝；天下行之，至德复立。此吾以刑杀之反于德而义合于暴也。

商君以“上贤立而亲亲废”，岂说仁遂无取亲亲乎？“贵贵立而上贤废”，岂君师建遂无取于仁义乎？然商君之言，又非此之谓也。其言世之道始于亲亲，而贤贤次之，而贵贵又次之，不可易也。以儒者损益因革之义观之则可也。若夫韩非所论，则又有进者。《韩非·五蠹篇》言：

> 上古之世，人民少而禽兽众。人民不胜禽兽虫蛇，有圣人作，构木为巢以避群害，而民悦之，使王天下，号曰有巢氏。民食果蓏蜂蛤，腥臊恶臭而伤害腹胃，民多疾病，有圣人作，钻燧取火以化腥臊，而民悦之，使王天下，号之曰燧人氏。中古之世，天下大水，而鲧、禹决渎。近古之世，桀、纣暴乱，而汤、武征伐。今有构木钻燧于夏后氏之世者，必为鲧、禹笑矣。有决渎于殷周之世者，必为汤、武笑矣。然则今有美尧、舜、汤、武、禹之道于当今之世者，必为新圣笑矣。是以圣人不期修古，不法常可，论世之事，因为之备。……古者丈夫不耕，草木之实足食也，妇人不织，禽兽之皮足衣也。不事力而养足，人民少而财有余，故民不争。是以厚赏不行，重罚不用，而民自治。今人有五子不为多，子又有五子，大父未死，而有二十五孙，是以人民众而货财寡，事力劳而供养薄，故民争。虽倍赏累罚，而不免于乱。尧之王天下也，茅茨不翦，采椽不斫，粝粢之食，藜藿之羹，冬日麑裘，夏日葛衣，虽监门之服养，不亏于此矣。

禹之王天下也，身执耒臿以为民先，股无胈，胫不生毛，虽臣虏之劳，不苦于此矣。以是言之，夫古之让天子，是去监门之养而离臣虏之劳也。古传天子而不足多也。今之县令，一日身死，子孙累世絜驾，故人重之。是以人之于让也，轻辞古之天子，难去今之县令者，薄厚之实异也。夫山居而谷汲者，膢腊而相遗以水。泽居苦水者，买庸而决窦。故饥岁之春，幼弟不饷；穰岁之秋，疏客必食。非疏骨肉、爱过客也，多少之心异也。是以古之易财，非仁也，财多也。今之争夺，非鄙也，财寡也。轻辞天子，非高也，势薄也。重争土橐，非下也，权重也。故圣人议多少，论薄厚，为之政。故罚薄不为慈，诛严不为戾，称俗而行也。故事因于世，而备适于事。古者文王处丰镐之间，地方百里，行仁义而怀西戎，遂王天下。徐偃王处汉东，地方五百里，行仁义，割地而朝者三十有六国，荆文王恐其害己也，举兵伐徐，遂灭之。故文王行仁义而王天下，偃王行仁义而丧其国，是仁义用于古而不用于今也。故曰世异则事异。当舜之时，有苗不服，禹将伐之，舜曰不可，上德不厚而行武，非道也。乃修道三年，执干戚舞，有苗乃服。共工之战，铁铦短者及乎敌，铠甲不坚者伤乎体，是干戚用于古不用于今也。故曰事异则备变。上古竞于道德，中世逐于智谋，当今争于气力。

非子立论，归本于财用，执此义以言史者，未能或之先也。虽然，非子亦不免于蔽也。由非子之说，中古以往，人将无所事战伐。中古以降，惟气力是尚，而争乱不得止也。然秦由法家之说，以猛为治而败，汉承之以宽。魏以猛而败，晋又承之以宽。隋以猛而败，唐又承之以宽。秦、魏、隋之为治，法家之治也，以处于分争之世，则可以致富强而一区夏。及其既一也，则不足以为长久之治，故曰其可效于争乱之时，而未可施之于宁一之会，则非子之说求之上世与晚近将有所不验矣。盖致争之道非一，而财用其一端耳，安世宁人亦然。执一则偾矣。是未晓然于社会之多元也。孔子曰："不患寡而患不均，不患贫而患不安。"均之道诚急矣。而世亦恒有不均而获安者，则安之术亦多耶？曰"均无贫"，曰"患不安"，则安之道视均又进也。孟子言治，必曰"五亩之宅，树之以桑。百亩之田，勿夺其时"，而深致痛于"漫其经界"。荀卿子曰："礼者所以养人之欲，给人之求。"儒家者流固亦知汲汲于解决供求，故井田之论张。而儒者言治，更又有进于井田者，谨庠序、申孝弟是也。非子徒急于财用，是谓知其一不知其二，商鞅又从而开阡陌以漫经界，其去均也又远矣。天下遂争于战功，于是"秦与戎狄同俗，贪戾好利而无信，不识礼义德行。苟有利焉，不顾亲戚兄弟，若禽兽耳"（《魏策三》），则亦生人所至苦也。是法家之说，将义有所不通，而治有所不验，而儒家之论有不可废者也。

昔孔子忧道不行，历国应聘，返于鲁而次《春秋》曰："我欲托之空言，不如见诸行事之深切著明也。"孔子虽因行事而加王心，所重在窃取之义。而孔氏之于行事，固亦洞见源流者也。其言曰："天下有道，则礼乐征伐自天子出。天下无道，则礼乐征伐自诸侯出。自诸侯出，盖十世希不失矣。自大夫出，盖五世希不失矣。陪臣执国命，三世希不失矣。天下有道，则政不在大夫。天下有道，则庶人不议。"于周人一代之变，可谓洞彻终始者也。又曰："禄之去公室，五世矣，政逮于大夫，四世矣，故夫三桓之子孙微矣。"其于鲁人一国之变，亦可谓洞彻终始者也。又曰："殷因于夏礼，所损益可知也。周因于殷礼，所损益可以也。其或继周者，虽百世可知者也。""行夏之时，乘殷之辂，服周之冕，乐则韶武，放郑声。"斯又洞彻于三代之变，且从而损益之，以俟后王。此孔子之所以为昭昭者也。孟氏自谓私淑于孔氏，其曰："王者之迹息而《诗》亡，《诗》亡然后《春秋》作。"此孟子之深识也。后之儒者，惟叶水心庶乎知之。孟子又曰："五百年必有王者兴，其间必有名世者。"又曰：

天下之生久矣，一治一乱。当尧之时，水逆行，泛滥于中国，蛇龙居之，民无所定，下者为巢，上者为营窟。《书》曰："洚水警余。"洚水者洪水也。使禹治之，禹掘

> 地而注之海，驱蛇龙而放之菹，水由地中行，江、淮、河、汉是也。险阻既远，鸟兽之害人者消，然后人得平土而居之。尧舜既没，圣人之道衰，暴君代作，坏宫室以为污池，民无所安息。弃田以为园囿，使民不得衣食。邪说暴行又作，园囿污池，沛泽多而禽兽至。及纣之衰，天下又大乱。周公相武王诛纣伐奄，三年讨其君，驱飞廉于海隅而戮之，灭国者五十，驱虎豹犀象而远之，天下大悦。《书》曰："丕显哉，文王谟，丕承哉，武王烈，佑启我后人，咸以正无缺。"世衰道微，邪说暴行有作，臣弑其君者有之，子弑其父者有之，孔子惧，作《春秋》，《春秋》，天子之事也。是故孔子曰："知我者其惟《春秋》乎？罪我者其惟《春秋》乎？"……昔者禹抑洪水而天下平，周公兼夷狄、驱猛兽而百姓宁，孔子成《春秋》而乱臣贼子惧。

孟子虽言五百之期，治乱相袭，而以抑洪水、兼夷狄、作《春秋》为比拟，是亦禹、稷、颜回同道之意，此孟氏通观之旨。后之儒者，惟袁伯彦通论游说、任侠、守文、肆直四者之相袭，庶乎似之。《淮南子·要略》、刘子玄《自叙》抑其次也。

自孟氏言五百之运，一治一乱，而儒之惑者，谬说踵兴。《礼三正记》曰："正朔三而改，文质再而复。"《春秋》家之说曰："王者起，所以必改文质者，为承衰乱，救人之失也。天道本下，亲亲而质省。

地道敬上，尊尊而文烦。故王者始起，先本天道以治天下，质而亲亲。及其衰敝，其失也亲亲而不尊。故后王起，法地道以治天下，文而尊尊。及其衰敝，其失也尊尊而不亲，故复反之于质也。”夫文质代谢，张弛迭用，其理未即乖。而视三古若走环，则固也。曰虞夏之质，殷周之文，斯为显然之事。而曰虞质夏文、殷质周文，则事有难解。《表记》言：“夏道尊命，事鬼敬神而远之，近人而忠焉，先禄而后威，先赏而后罚，亲而不尊。其民之敝，蠢而愚，乔而野，朴而不文。殷人尊神，率民以事神，先鬼而后礼，先罚而后赏，尊而不亲，其民之敝，荡而不静，胜而无耻。周人尊礼尚施，事鬼敬神而远之，近人而忠焉，其赏罚用爵列，亲而不尊。其民之敝，利而巧，文而不惭，贼而蔽。”夫《表记》既曰“土之于民也，亲而不尊，天尊而不亲”，固邻于《礼三正记》言“质法天，文法地”。夏周之亲而不尊，殷人之尊而不亲，倘即文质再而复之说所由昉。然其曰：“夏道尊命，先赏而后罚，殷道尊神，先罚而后赏，周人尊礼，其赏罚用爵列。”斯亦三王之不相袭也。又曰：“夏道未渎辞，不求备，不大望于民，民未厌其亲。殷人未渎礼，而求备于民。周人强民，未渎神，而赏爵刑罚穷矣。”是其深达三代之异趣，岂同于再而复之陋说哉？而《春秋》家说（《元命苞》《说苑》《白虎通义》亦同）：“三王之有失，故立三教之相变。夏人之立教以忠，其失野，故救野莫如敬。殷人之立教以敬，其失鬼，故救鬼莫如文。周人之立教以文，其失荡，故救荡莫若忠。如此循环，周则复始，穷则相承。”三教之说，当亦昉于《表记》。而《白虎通》曰：“救薄之失莫如忠，三者如顺连环，周而复始，穷则反本。”董仲舒言：“汉继大乱之后，宜若少损周之文，致用夏之忠。”司马迁言：“汉兴承敝易变，得天统也。”曰改周之文，从殷之质，又曰用夏之忠，则是以历史非前进而实向后。斯亦《表记》之讹说耶？邹子言五德之运，从所不胜，周而复始。后儒文质二教之说，是固取法于阴阳家，而大失孔孟之旨，此所以为昏也。若夫道家谓“剖斗折衡而民不争”，几欲返人类于狉榛之世，兹不具论也。

六　鲁国史籍与诸国史籍

先秦诸子，莫不称诵古昔，而征引《诗》《书》者，则自儒家孟荀以外，仅墨子与《吕氏春秋》，不韦书最后起，又为杂家，无足疑者。名、法、道德诸家，莫不述古以刺今，而不及《诗》《书》者，岂《诗》《书》六艺者，惟邹鲁所独有，故儒、墨（墨亦鲁人）诵法之；而百家述古事，又别有据耶？《庄子·天下篇》曰：“其明而在数度者，旧法世传之史，尚多有之。其在《诗》《书》《礼》《乐》者，邹鲁之士，缙绅先生多能明之。其数散于天下而设于中国者，百家之学时或称而道之。”百家之学，为新起，为一系。《诗》《书》《礼》《乐》为一系，旧法世传之史为一系，二者皆旧有也。则儒墨为本诸邹鲁之《诗》《书》，而百家述古事为本诸世传之史。无怪乎其参差牴牾，每难合一。《淮南子》言：“孔墨皆修先圣之术，通六艺之文。”孔墨并是鲁人，其同述《诗》《书》，以本同为鲁学故也。孔子于夏、殷之礼曰“杞、宋无征”。孟子于周室班爵禄，曰“诸侯去其籍”。则邹鲁于三代事所闻之略。而《荀子·荣辱》曰：“循法则度量刑辟图籍，不知其义，谨守其数，慎不敢损益也。父子相传，以持王公。是故三代虽亡，治法犹存。是官人百吏之所以取禄秩也。”《非相》曰：“五帝之中无传政，非无善政也，久故也。禹、汤有传政。”是荀氏所闻，较邹鲁为明备。左氏言随会聘于周，“归乃讲聚三代之典礼，修执秩以为晋法。”荀卿之所谓治法，所谓传政，殆即随会之所讲求，盖晋之旧史为独备也。荀卿言：“齐桓公并国三十五。”李斯言：“秦穆公并国二十。”韩非所称，则“齐桓公并国三十”，“楚庄王并国二十六”，“晋献公并国十七，服国三十八”，“秦穆公并国二十”。其师弟之间，所睹殆同。此四君者，并国已百数，而此四国者，二百四十年间，并国几何？郑、宋、陈、蔡之属，并国又几何？事固可想而知。然《春秋》所记“亡国五十二”，则事已寥落，周建千八百国，其废兴不可明。是非特鲁人三古之史视晋为疏，即晚近之史视晋亦大略也。由斯以论，若以三古之文，尽于六艺，百家所本，皆自《诗》《书》，非愚则诬而已。盖诸侯各有其书，而诸国各有其学，六艺者，不过邹鲁之学，而曰九流十家“皆六经之支与流裔”，则刘班之妄耳。不由诸子之文，以推诸国旧法世传之史，徒执鲁人残略之篇，以衡论往昔，又从而疑之。康更生之徒，颇为上古茫昧无稽之说。岂知三代文化，若皆野朴，则春秋战国曷克臻此。是不思文化之由层积而兴，翻以百家之术，皆将天纵而圣，则其论亦固而已也。

何言乎六艺之为鲁书也。《管子·山权数篇》桓公曰：“何谓五官技？”管子曰：“《诗》者所以记物也，《时》者所以记岁也，《春秋》者所以记成败也，《行》者所以道民之利害也，《易》者所以守吉凶成败也，《卜》者卜吉凶利害也。六家者即见其时，使豫先早闲之日受之。”五技之事，近乎六艺。以各为齐、鲁之书，有异有同，《时》当即《周月》《夏正》之类；《行》当即《仪礼》《容经》之类；至齐《春秋》之必异乎鲁，又不待论也。即齐之《诗》，谅亦与鲁不同。孔子言：“《诗》三百，一言以蔽之，曰思无邪。”又言：“诵《诗》三百，授之以政，不达。”此孔子之《诗》为三百也。而《墨子·公孟篇》言：“歌《诗》三百，弦《诗》三百，诵《诗》三百，舞《诗》三百。”下至毛公，亦谐此说。儒、墨同为三百，墨亦鲁人，此鲁《诗》以三百为节，歌舞皆然。非经孔正，乃得此数。孔氏之《诗》，《关雎》为《风》始，《鹿鸣》为《小雅》始，《文王》为《大雅》始，《清庙》为《颂》始。而《左氏》记季札来观周乐，始《二南》讫《三颂》，与孔经无二致。则四家之《诗》并为鲁之旧贯。故得上符季札，下合墨书，事可验也。而在《乐记》述师乙所闻，则曰：“宽而静、柔而正者，宜歌《颂》。广大而静、疏远而信者，宜歌《大雅》。恭俭而好礼者，宜歌《小雅》。正直而静、廉而谦者，宜歌《风》。肆直而慈爱者，宜歌《商》。温良而能断者，宜歌《齐》。”其部居为六，是则非鲁之《诗》，而他国之诗也。《大戴·投壶》独有《商》《齐》七篇之言，盖与《乐记》合，而谓“凡《雅》二十六篇”，则《乐记》《投壶》所论之《雅》，与所谓“《小雅》之材七十有四，《大雅》之材三十有一”者又不同，其“八篇可歌，《鹿鸣》《狸首》《鹊巢》《采蘩》《采蘋》《伐檀》《白驹》《驺虞》”，在孔氏鲁《诗》以为《风》者，而此入于《雅》。《史辟》《史义》《史见》《史董》《史谤》《史宾》《拾声》《叡挟》八篇，与《狸首》皆非鲁《诗》之所有。《乐记》《投壶》独有《商》《齐》，倘即齐人五技之诗欤？是不特五技、六艺之已殊，虽同有《诗》，而部居多寡又迥别也。鲁之六艺，已非齐人所知，而可谓列国之学胥自六经而为其支与流裔哉？

试再陈之。盖齐人之书，于鲁犹近，而他国之书，则与鲁大殊。《楚语》：庄王使士亹傅太子箴，问于申叔时，叔时曰："教之《春秋》，而为之耸善而抑恶焉，以戒劝其心。教之《世》，而为之昭明德而废幽昏焉，以休惧其动。教之《诗》，而为之导广显德，以耀明其志。教之《礼》，使知上下之则。教之《乐》，以疏其秽而镇其浮。教之《令》，使访官物。教之《语》，使明其德，而知先王之务用明德于民也。教之《故志》，使知废兴者而戒惧焉。教之《训典》，使知族类，行比义焉。"此九事者，楚人之书，固与齐鲁之书远也。《晋·束皙传》：

> 太康二年，盗发魏襄王墓，得竹书数十车。其《纪年》十三篇，记夏以来至周幽王为犬戎所灭，以事接之三家分晋，仍述魏事至安釐王之二十年，盖魏国之史书，大略与《春秋》皆多相应。其《易经》二篇，与《周易》上下经同。《易繇阴阳卦》二篇，与《周易》略同，《繇辞》则异。《卦下易经》一篇，似《说卦》而异。《公孙段》二

篇，与邵陟论《易》。《国语》三篇，言楚、晋事。《名》三篇，似《礼记》，又似《尔雅》《论语》。《师春》一篇，书《左传》诸卜筮。《琐语》十一篇，诸国卜梦相书也。《梁丘藏》一篇，先叙魏之世数，次言丘藏金玉事。《缴事》二篇，论弋射法。《生封》一篇，帝王所封。《大历》二篇，邹子谈天类也。《穆天子传》五篇，言周穆王游行四海，见西王母。《图诗》一篇，画赞之属也。又《杂书》十九篇：《周食田法》《周书》《论楚事》《周穆王美人盛姬死事》。

此三晋之书，视鲁书益远也。孟子言“晋之《乘》，楚之《梼杌》，鲁之《春秋》”，而《楚语》申叔时言《春秋》，《晋语》亦言羊舌肸习于《春秋》。晋、楚亦以《春秋》言，斯皆不免传译之辞，姑以鲁书名之耳。《左氏》言：“桓僖灾，南宫敬叔至，命周人出御书，俟于宫。子服景伯至，命宰人出礼书，以待命。”是鲁人之书奚止六艺？《礼运》言：“我欲观夏道，之杞得夏时焉。我欲观殷道，之宋得乾坤焉。”见杞、宋之莫不有书，又奚止于齐、鲁？韩宣子适鲁，见《易象》与《春秋》，曰：“周礼尽在鲁。”则列国之书，固自不同。“左史倚相能读三坟、五典、八索、九丘”，事亦未见于他国。若墨子言“百国《春秋》”，则其种之繁也。

此皆晚周人之所习颂，而莫见于后世者，春秋战国之文化，皆于是乎生。若之何以事之不见于六经者，谓皆不可信。益进并六经之事而疑之，岂舟人之子，胥天纵之圣乎？太史公曰：“儒者断其义，驰说者骋其辞，不务综其终始。历人取其年月，数家隆于神运，谱谍独记世谥，其辞略。”司马于古之文，盖又分五事言之。儒者，则孟、荀之俦。驰说者，则百家之书也。历人取其年月，则《汉志》所著《黄帝五家历》三十三卷、《夏殷周鲁历》十四卷之类是也。班固言：“太史令张寿王、待诏李信治《黄帝调历》，课皆疏阔。”又言：“黄帝至元凤三年，六千余岁。寿王又移帝王录舜、禹年岁，不合人年（谓寿过百岁之类）。寿王言化益为天子代禹，骊山女亦为天子在殷周间，皆不合经术。”是历人亦叙论古事也。数家隆于神运，则阴阳家邹子之俦，张苍《终始五德传》之类也。班固言：“宝长安治《终始》，言黄帝以来三千六百二十九年岁。”此数家五运之说也。谱谍独记世谥，则《汉志》《帝王诸侯世谱》二十卷、《古来帝王年谱》五卷之类是也。太史公曰：“余读《谍记》，黄帝以来皆有年数，稽其历谱谍终始五德之传，古文咸不同乖异。于是以《五帝系谍》《尚书》、集《世纪》……”又言：“太史公读《春秋历谱谍》”，“读《秦记》”。是此五家者，史公并见其书，则篇籍之博矣，而可诬耶？惟史公之所见者，而后人莫之能睹耳。

八 《世本》与《史记》

《汉书·艺文志》有《世本》十五篇，刘向《别录》曰：“《世本》，古史官明于古事者所记也。录黄帝以来帝王诸侯及卿大夫系谥名号，凡十五篇，与《左氏》合也。”班氏于《司马迁传·赞》言：“孔子作《春秋》，左丘明为之传，又纂异同为《国语》。又有《世本》，录黄帝以来至春秋时帝王公侯卿大夫家祖世所出，故司马迁据《左氏》《国语》，采《世本》。”此迁书之据《世本》而作也。《世本》久亡，据群籍征引者言之，知其书有本纪、有世家、有列传，则所谓马迁创作纪传，不过因袭《世本》之体，以为纪纲，而割裂《尚书》《左氏》《国策》《楚汉春秋》诸书，散入本纪、世家、列传，分逮当人之下而已。纪传之体可贵，而创之者《世本》，非马迁也。《尚书》《左氏》《国策》之俦，各自为书，《世本》为纪传之制以综而贯通汇之，此《世本》之所以为伟也。桓谭《新论》以史公所为年表，“旁行斜上，并效《周谱》”。年表为作史之一奇迹，史迁亦袭《周谱》而非创作，知史迁徒取前人之陈规，其从事殆亦易耳。乃多所牴牾，而逮事之功，亦有未至。若其立论之奇宕，先黄老而后六经，亦不过淮南辈之恒言，一时言学者犹未臻于粹一也，未足为高也。议文章者尊之或当，衡史学者和之，则未可为知言。求之相如、贾生之作，史迁自未必独雄往代也。而曰“欲以究天人之际，通古今之变，成一家之言”，其亦侈耶？群书引《世本》有《帝系篇》，有《谥法篇》，有《居篇》，有《作篇》，此史迁八书之所由仿也。八书之作，《天官》《律历》备极翔实，此史公专门之业，唐都、洛下闳之传，正其家学。作《礼书》《乐书》，徒取《乐记》《荀卿》之言，肤略如此，其下班固远矣。或疑礼、乐书为褚先生补，其言无据。太史公取《尚书》《左氏》不足疑，取《乐记》《荀卿》则不可信，得为知类欤？以《史记》八书衡之《班书》十志，则马迁为有愧也。衡之《居篇》《作篇》，盖不侔也。《世本·作篇》，备记“知者创物，始开端造器物”，此近世言文明发展史者之所究意，而《世本》已先及之，此非事之杰出人上者乎？《论衡·对作篇》言：“言苟有益，虽作何害。仓颉之书，世以纪事，奚仲之车，世以自载，伯余之衣，以辟寒暑，桀之瓦屋，以辟风雨。夫不论其利害，而徒讥其造作，则仓颉之徒有非，《世本》十五家皆受责也。”此亦《世本·作篇》之大略也。群书所征，知《世本》备言："鲧作城郭，尧作宫室，化益作井，祝融作市，伯夷作刑，季杼作甲，少康作箕帚，仪狄作酒，夔作乐，昆吾作陶，芒氏作罗，隶首作算数，容成作调历，蚩尤以金作兵器，于则作扉履，巫咸作筮，巫彭作医，共鼓货狄作舟，垂作规矩准绳，咎繇作耒耜，挥作弓，夷牟作矢，雍父作杵臼，胲作服牛，相土作乘马，宿沙煮盐，公输般作石硙。"何可胜计，皆有资于民生日用，而岂人类一朝之能跂及者哉？《易·系辞》言作卦凡十二，视《世本》之书，其致一也。《吕览·君守》《勿躬》二篇皆言制作之事。许慎《说文》言作者二十，可谓知所择也。而马迁无一言及焉，此法《世本》而独弃其精者乎？则未可谓之能知《世本》者也。其曰："罔罗天下放失旧闻，厥协六经异传，整齐百家杂语。"书虽不称其言，然其意起恢宏，固足尚也。班固言："凡《汉书》，叙帝皇，列官司，建侯王，分州域，物土疆，函雅故，通古今，正文字，惟学林。"班氏之比事类物，骋博详究，蔚宗以下，叹为不及。当非史家独擅之长，凡汉人著述，皆主于包罗万有，许慎《说文》，尚能如此，是岂班、马之所以为卓越者哉？

第二章 六朝至唐

一 魏晋之学术与史学

周秦之际，百家竞鸣，至汉则定一尊于孔氏，此道术之由歧而之一。班固称：“尊其所闻，行其所知。”而鲁丕曰：“说经者传先师之言，非从己出，若规矩权衡之不可枉。”其拘固极于是欤！魏晋以来，家法之学废而异说大兴，故萧子显曰：“江左儒门，参差互出。”非复株守师说之旧也。张思光曰：“丈夫当删《诗》《书》，制礼乐，何至因循寄人篱下？”则几欲并孔子之席而夺之，尚何有于汉师之法？阮籍曰：“礼非为我设。”则已欲并名教而泯之，又何有于孔氏？此道术之由合而之歧。宇宙间固未有一息之不变，此理之恒，无足异者。乃小知浅见者流，以立异善变自矜，而迂固者又惕然忧之，岸然拒之，均之隘矣。是不知无时而不变者也。变汉儒之学者，始于刘表，大于王肃，而极于杜预、王弼、范宁、徐邈。刘表在荆州，集綦毋闿、宋衷、司马徽诸儒，为《五经章句后定》，是后反康成异汉说者，莫不渊源于荆州，而子雍其最也。杜预、韦昭而下，集解之风大倡，莫不检取众家之长，而定一是之说。专家之学息，而异说纷起，江左以来，遂滔滔莫之能止。王弼、何晏，祖尚玄言，其源亦本于荆州之尚《太玄》，而名理之论张，视东汉名物训诂之学若土梗。清谈之风，遂被江左，《老》《易》大兴，儒术遂黜焉。何晏以圣人无喜怒哀乐，钟会等从而述之。辅嗣之论则曰："圣人茂于人者神明也，同于人者五情也。神明茂，故能体冲和以通无，五情同，故不能无哀乐以应物。然则圣人之情，应物而无累于物者也。今以其无累，便谓不复应物，失之多也。"其答裴徽之问则曰："圣人体无，无又不可为训，故言必及有，老、庄未免于有，恒训其所不足。"则王氏之论尚矣。虽唐之李翱、宋之程颢，何以加诸。流风所播，崇庄、老，贱六经，又未必得王氏之旨也！然排儒家，贱礼义，其源尚不始于清谈之道家。杜恕言："今学者师商韩而尚法术，竞以儒家为迂阔，不周世用。"则始排儒学者法家也。荀彧曰："桓灵以来，政失于宽，袁绍以宽济宽，故不摄，曹操纠之以猛，而上下知制。"傅玄曰："魏武好法术，而天下贵刑名，魏文慕通达，而天下贱守节。"则自崔寔、仲长统以来，已开崇法轻儒之渐，而极于丁仪、刘廙之先刑后礼论。汉代传统思想先已动摇。魏武之令曰："若必廉士而后可用，则齐桓其何以霸世。今天下得无有盗嫂受金而未遇无知者乎？”又曰：“夫有行之士，未必能进取，进取之士，未必能有行。陈平岂笃行，苏秦岂守信耶？士有偏短，庸可废乎？”又曰：“今天下得无有高才异质、堪为将相，负污辱之名、见笑之行，或不仁不孝，而有治国用兵之术，其举所知，勿有遗失。”则所以贱名检、轻礼义，自法家之说倡之，魏武持之，固不起自嵇阮道家之徒。自汉末以来，儒家之说已坠，异说以兴。始法家，次道家，言墨家者有鲁胜，言名家者有刘劭，管辂之于数术，华佗之于方技，阮武、姚信、钟繇、陈群之流，百家之说，莫不并起。技巧滋益，释、道踵武，则思想之解放而为变古者极矣。文也，史也，靡不革新。于是马班抑坠，而干宝、孙盛巍然为五百年史例中兴。盖一切学术均变，而史学亦不得不变，哲学盛而史亦盛也。

二　史学与江左清谈

袁彦伯作《名士论》，以夏侯太初、何平叔、王辅嗣为正始名士，阮嗣宗、嵇叔夜、山巨源、向子期、刘伯伦为竹林名士。正始名士，傅玄所谓虚无者也；竹林名士，则傅玄所谓放诞者也。崇虚无，故裴頠作《崇有论》以折之。贱名检，故戴逵有《放达为非道论》以排之。儒玄之争，《达庄》阮籍、《废庄》王坦之，情同冰炭。史家以备明兴衰之故，究洞往事，立言制义，咸知所裁。方江左清谈风靡一世，乃干宝、孙盛凡诸史人，胥扼腕垂涕而争之，以期挽狂澜之既决。干宝《晋纪》称：“阮籍居丧，饮啖不辍。故魏晋之间，有被发夷傲之事，背死忘生之人，反谓行礼者，籍之为也。”于《晋纪总论》，则訾其“风俗淫僻，耻尚失所。学者以老庄为宗而黜六经，谈者以虚荡为辨而贱名检，行身者以放浊为通而狭节信，当官者以望空为高而笑勤恪。其倚仗虚旷，依阿无心者，皆名重海内。国之将亡，本必先颠，其此之谓乎？故观阮籍之行，而觉礼教崩弛之所由，想郭钦之谋，而悟戎狄之有衅”。史称“虞预憎疾玄虚，其作《晋书》论阮籍裸裎，比之伊川被发”。干、虞之志，固以永嘉之祸，中原沦陷，皆虚荡者之由也。若鱼豢则推理所由，言：

> 建安之末，天下分崩，纪纲既衰，儒道尤甚。太和、青龙中，中外多事，是以志学之士，遂复凌迟，而末求浮虚者，各竞逐也。正始中有诏议圜丘，普延学士，是时郎官及司徒领吏二万余人，而应书与议者略无几人。又是时朝堂公卿以下四百余人，其能操笔者未有十人。嗟夫，学业沉殒，乃至于此。

究论儒道所由绌，而浮虚之说所由张，言之固若此其痛切也。方玄学者流，以《老》《易》为宗，令升、安国必一反辅嗣辈之持说，排老氏，崇汉《易》，从而颠覆其根本。汉《易》重爻象，而王氏为玄言，《晋书·孙盛传》言：“盛著《易象妙于见形论》，殷浩等竟无以难之。”盖钟会论《易》无互体，故孙氏从而辩之。其论略曰：

> 圣人知观气不足以达变，故表圆应于蓍龟。圆应不可为典要，故寄妙迹于六爻。六爻周流，唯化所适。故虽一画而吉凶并彰，微一则失之矣。拟器托象，而庆咎交著，系器则失之矣。故设八卦者，盖缘化之影迹也。天下者，寄见之一形也。圆影备未备之象，一形兼未形之形。故尽二仪之道，不与乾坤齐妙，风雨之变，不与巽坎同体矣。

则既以申汉《易》也，摧魏晋之说，若放淫辞。其论王弼《易注》谓：

> 《易》之为书，穷神知化。世之注者，殆皆妄也。况弼以附会之辩，而欲笼统玄旨者乎？于六爻变化，群象所效，日时岁月，五气相推，弼皆摈落，多所不关，虽有可观者焉，恐将泥乎大道。

则所以申汉法、而绌玄学者流之言《易》也。干宝注《易》，更守京房之法，又配以干支，为旨益密，去玄益远。皆以反正始之义而然欤！令升于《易》，朋于陆绩，辅嗣作注，仿自宋忠。宋、陆同传《太玄》，陆以“玄之大义，揲蓍之谓”，而斥仲子“失其旨归，虽得文间义说，大体乖矣”。王、干说《易》分途，殆即本于宋、陆。江左崇尚老氏，孙盛作《老聃非大贤论》，以为“中贤第三之人，去圣有间”。其谓“尚无既失之矣，崇有亦未为有得”，则持说视崇有崇无为尤高。其《老子疑问反讯》则曰：“《道德经》云：常无欲观其妙，常有欲观其徼。此两者同出而异名，同谓之玄。玄之又玄，众妙之门。”而斥旧说及王弼解曰：“宜有欲俱出妙门，同谓之玄。若然以往，复何独贵于无欲乎？”依《老》以折贵无，则尤为千载之神解，倾清谈者之根荄。下及于梁，裴子野于《宋略》纪王敬弘事，论曰：“居官不事，以敌（疑放字之误）为名，正始、元康之风，中原所以败也，纵而勿检，致治难哉。”则史人于玄风披倡之世，殆所谓砥柱中流者耶？于时玄者重名理，史人崇灾异，灾异固两汉以来之天道说也。玄者以虚无为天道，史家以灾候为天道以抗之。符瑞之志，各家尚焉。此虽矫枉过直，倘亦观过知仁者乎？裴子野曰：“先王历象日月，敬授民时，后（原误作彼）世穿凿，拘于禁忌。推步盈虚（原阙，以意补之），其细已甚，多鄙俚之说，乱采索之旨。由是缙绅先生不以阴阳为学。”安国之论孙权事神曰：“盛闻国将兴，听于民，将亡，听于神。权年老志衰，多凉德矣。而伪设符命，求福妖邪，将亡之兆，不亦显乎？”

则于时史人虽崇灾候阴阳之说，而摧图谶征应之辞，符于张衡之论。斯固董子、翼奉之道，大别于成哀之际、钟张之徒者也。安国之与罗君章论更生之说曰：“省更生者，括囊变化，穷寻聚散，是好论也。然吾意犹有同异，以令万物化为异形者，不可胜数，应理不失，但隐显有年载。今万化犹应多少有还得形者，无缘尽当，须冥远耳目不复开逐，然后乃复其本也。吾谓形既粉散，知亦如之，纷错混淆，化为异物。他物各失其旧，非复昔日。此有情者所以悲叹，若然则足下未可孤以自慰也。”则并难及释氏轮回之说。要之，先后史人皆汲汲于玄风之辟，直为中原倾覆之由。其以清谈言史，惟袁宏辈而已。

三　史学与六代俪文

宋文帝问颜延之诸子才能，对曰：“竣得臣笔，测得臣文。”《晋书》称：“蔡谟文笔议论，有集行于世。”审文笔之分，魏晋而来旧矣。《金楼子》曰：“古之学者有二，今之学者有四：夫子门徒、通圣人之经者谓之儒。屈原、宋玉止于辞赋，则谓之文。今之儒，博穷子史，但能识其事、不能通其理者，谓之学。至如不便为诗如阎纂，善为章奏如伯松，泛谓之笔。吟咏风谣，流连哀思者，谓之文。文者惟须绮縠纷披，宫黴靡曼，唇吻遒会，情灵摇荡。”六代之文，卑溺至是。新体声病，殆又甚焉。月露风云，连章积牍，李谔疏纠华伪，慨愤深欤？刘知几言：“裴子野《宋略》、王劭《齐志》，并长于叙事，无愧古人。”又称：“裴畿原删略宋史，时称简要，斯固一代之良史也。”而《梁书·裴传》称：“子野为文，不尚丽靡之辞，其制作多法古，与今文体异，当时或有诋诃者。”简文亦谓：“裴氏乃良史之才，了无篇什之美，亦质不宜慕。”是知史家述笔，固异时流。故《文心雕龙·才略篇》曰：“孙盛、干宝，文胜为史，准的所拟，志在典训。”盖深疾流俗藻绘之文，故取法经传质直之笔。虽乖时尚，庶亦独立不惧者耶？《史通》言：“干宝议撰晋史，以为宜准丘明。”又曰：“自魏以来，多效三史，从晋以降，喜学五经。”非徒仿其义例，实又兼拟其文。裴松之注《三国志》乃再致诋諆，其言曰：“松之以为史之记言，既多润色，故前载所述，有非实者矣。后之作者，又生意改之，于失实也，不亦弥远乎？凡孙盛制书，多用《左氏》以易旧文，后之学者，将何以取信哉？”《史通》亦诋“孙盛、孔衍、王劭、刘播，好奇厌俗，习旧捐新，虽得稽古之宜，未达从时之义”。不思浮丽之文，既波荡一世，黜彼靡曼，崇兹简质，准的丘明，不犹愈于效摹潘、陆耶！至蔚宗《自序》乃一发史人之高文遐思，大振厥词，若謦聋俗。其言曰：

> 文患其事尽于形，情急于藻，义牵其旨，韵移其意。虽时有能者，大较多不免此累。政可类工巧图缋，竟无得也。常谓情志所托，故当以意为主，以文传意。以意为主，则其旨必见，以文传意，则其词不流。尝为人言，多不能赏，意或异故也。观古今文人，多不全了此处。年少中谢庄最有其分，手笔差易，文不拘韵故也。

其说自不谐于俗，而史人文思，于是乎显。盖所谓独标高致者焉。不尔，则孙、干远旨将冤沉百世也。刘勰曰："干宝述《纪》，以审正得叙，孙盛《阳秋》，以约举为能。"是数子于文，固功浮于过者耶？子玄言："君父见害，义当略说，不忍斥言。《左氏》叙桓公遇害，云彭生乘，公薨于车。干宝叙愍帝殁于平阳，云晋人见者多哭，贼惧，帝崩。此拟《左氏》，所谓貌异心同者也。"则拟《左》之善，刘氏亦未能没之。若王劭"撰齐、隋二史，文皆诣实，于悠悠饰辞，皆不之取"（《史通·载文篇》），"意在简直，言兼鄙野"（《史通·论赞篇》）。既"多记当时鄙言"（《史通·杂说篇》），则固千古存信之绝作。子玄乃讥"萧、羊之琐杂，王、宋之鄙碎，言殊炼金，事同难肋"，复肆其非难者何哉？《隋书·劭传》亦称："劭撰《齐书》《齐志》，或文辞鄙野，或不轨不物，骇人视听，大为有识者所嗤鄙。”随和泣血，百世所同，可慨已矣。文必赡俪以阿时，裴、王绝作，尚两不免于世病，是则流俗迫人，虐于封豕。上世之有沉渊蹈海，宁得已哉？子野《雕虫论》（即《宋略·文纪》之论，《文苑英华》名之《雕虫论》）曰：

> 古者四始六艺，既形四方之风，且张君子之志。后之作者，思存枝叶。由是随声逐影之俦，弃指归而无执。爰及江左，称彼谢、颜。宋初迄于元嘉，多为经史。大明之代，实好斯文。自是闾里少年，罔不摈落六艺，吟咏性情。学者以章句为专鲁。淫文破典，斐尔为功。荀卿有言，乱代之征，文章匿而采，斯岂近之乎？

则裴氏直以文之华质，征世之理乱，可谓卓识。子玄讥以“鲍昭文学宗府，方于汉代褒、朔，事皆阙如”。此正涑水不取屈原、相如文人所由昉（李因笃论《通鉴》意）。裴氏固有其微志，而子玄顾以为贬，不已惑乎？至萧、沈、谢、江，固为文士，余才述史，以芜累贻讥，无尤也。

四　史学家之民族国家思想

李大师以六代史籍，南谓北为索虏，北谓南为岛夷，鄙其相轻丑辞，作南、北史。然此实有义焉。范蔚宗于《南匈奴传》论曰：

> 窦宪、耿夔之徒，蹑北追奔，三千余里。若因其时势，还南虏于阴山，归河西于内地，防戎羯乱华之变。使耿国之算不谬于当世，袁安之议见从于后王，平易正直，若此其弘也。而窦宪矜三捷之效，更立北虏，反其故庭，坐树大鲠。永言前载，何痛愤之深乎？终于吞噬神乡，丘墟帝宅。

知其于种族之祸，致慨已深。孙、裴以往，述北事必曰胡、曰狄，岂无故哉？干宝于《晋纪》言："泰始后，中国相尚，用胡床貊盘，及为羌煮貊炙。贵人富室，必置其器。吉凶嘉会，皆此为先。太康中，又以毡为絈头，及络带衿。百姓相戏曰：中国必为胡所破也。毡产于胡，而天下以为絈头带身衿口，胡既已制之矣，能无败乎？"干宝曰："元康中氐羌反，至于永嘉，刘渊、石勒遂有中都。自后四夷迭据华土，是其应也。"是又以用夏变夷，为神州陆沉之渐。斯岂泛尔叹风俗之偷而已耶？裴氏《宋略》纪："武帝既灭姚氏，三秦父老，闻裕将还。诣门流涕诉曰：残民不见王师，百年于兹矣。始睹衣冠，人人相贺。长安十陵，是公家坟垄，千门万户，是公家府殿，舍此欲安归乎？"则其种族国家之痛，虽郑思肖之《心史》，何以尚兹。又元嘉既挑拓跋之祸，"魏人凡破南兖、徐、兖、豫、青、冀六州，杀掠不可胜数，丁壮者即加斩截，婴儿贯于槊上，盘舞以为戏。所过郡县，赤地无余。春燕归，巢于林木。自是邑里萧条，元嘉之政衰矣”。亦见其人于胡马凶残，怨深刺骨。崩痛冤苦，情溢乎词。若夫新亭兴慨，徒以“运有废兴”，非此伦也。至若正闰之论，亦创于斯际，而遗讥后来。然其义独盛于东晋、南宋二代，是固有其微意，又未可忽也。《晋书》言：“习凿齿著《汉晋春秋》，于三国之时，蜀以宗室为正，魏武虽受汉禅晋，尚为篡逆。至文帝平蜀，乃为汉亡，而晋始兴。明天下不可以智力强也。”檀道鸾《续晋阳秋》曰：“凿齿著《汉晋春秋》，斥桓温觊觎之心也。”刘子玄以“凿齿以魏为伪国者，盖定邪正之途，明顺逆之理”。是盖衡论既往，兼以戒儆来兹。其意固有在也。《晋书》言：“安国著《晋阳秋》，词直理正，咸称良史。桓温见之，怒谓盛子曰：枋头诚为失利，何至乃如尊君所说，若此书遂行，自是关君门户事。其子请删改之，盛大怒。诸子私改之。盛写两定本，寄于慕容儁，书遂两行。”明孙之恶桓，与凿齿同。斯存汉之心即所以存晋，绝魏即所以绝桓。至习氏之论魏曰：“昔共工伯有九州，秦政奄平区夏，犹不见序于帝王。何况暂制数州之人、威行境内而已，便可推为一代者乎？”于是中原沦胥，胡虏僭差，冠带流离，托根江表，盖黜魏即所以黜羌胡，存蜀正所以存中夏。斯孙、习之旨欤？魏收书曰：“曹武削平寇难，魏文奄有中原，于是伪孙假命于江东，僭刘盗名于岷蜀，土不出江汉，地仅接褒斜，而谓握皇图，三分鼎立，比踪王者，溺人必笑，其在兹乎？”观魏之贬蜀，益见习之系汉，固有为而然。收书又曰：“司马叡都于丹阳，因孙权之旧居，去洛二千七百里，所谓岛夷卉服者也。春秋时为吴越之地，吴越僭号称王，僻远一隅，不闻华土。中原冠带呼江东之人，皆为貉子。”北之退晋，辞至此极，晋之播迁江表，犹刘之崎岖巴洛。北以中原为尊，故南以帝胄为重。冰炭既逼，则寒燠益彰。《洛阳伽蓝记》言：

> 陈庆之入洛，因醉曰：“北朝甚盛，犹曰五胡，正朔之承，当在江左。”中大夫杨元慎是中原士族，正色曰：“江左假息，僻居一隅，礼乐所不沾。我魏定鼎嵩洛，与五帝而并迹，礼乐宪章之盛陵百王。卿鱼鳖之徒，何为不逊，以至于此？”

盖自禹甸崩析，而夷夏相轻，风之由来旧矣。李彪、崔光已有“司马祚终于郏鄏，而拓跋受命于云代”之言。习之帝蜀，事固有激于当年。至若朱子作《纲目》，以蜀为正，而易君实之书，陆游序《南唐书》称本纪，不循马令之旧。其为系情南宋，情固可知。王洙为《宋史质》，其义尤显。非惟辽、金仅列外国，元代年号亦尽截删，有宋益王之末，即以朱明德祖继之。瀛国降元以后，仿书帝在房州，若曰中国未尝亡、而蒙古未尝帝。遂致书被黜于清世，旨不著于后来。精义沦淫，诋讪竞作，岂知正闰之说，固亦事之不得已者也。

五　史家之君臣观念

孟子曰："闻诛一夫纣矣，未闻弑君也。"荀卿亦曰："故桀纣无天下，而汤武不弑君。"此固儒家之大义，而昧忽久焉。黄梨洲作《原君》所以为启千载之长夜者，端在是也。孙盛于封孙皓为归命侯论曰："古之立君，所以司牧群黎。若乃淫虐是纵，酷彼群生，则天人殛之，夺其南面之尊，加其独夫之戮。是故汤武抗钺，不犯不顺之讥，汉高奋剑，而无失节之议。何者？诚四海之酷雠，而人神之所摈故也。"孙氏之义，本于干宝之《易注》。干氏谓："文王抑参二之强，以事独夫之纣，祈殷命以济生民也。纣遂长恶不悛，天命殛之，至于武王，遂有牧野之事。"干氏《晋武革命论》，义亦据此。何期晋宋之间，史人立论，光照日月也。孙盛论谯周说后主降魏，则曰：

> 《春秋》之义，国君死社稷，卿大夫死位。况称天子，而可辱于人乎？周谓万乘之君，偷生苟免，亡礼希利，要冀微荣，惑矣。且以势事言之，理有未尽。何者？禅虽庸主，实无桀纣之酷，战虽屡北，未有土崩之乱，纵不能君臣固

守，背城借一，自可退次东鄙，以思后图。……徐因思奋之民，以攻骄惰之卒，此越王所以败阖闾，田单所以摧骑劫也。何为匆匆遽自囚虏，下坚壁于敌人，致斫石之至恨哉？葛生有云：事之不济则已耳，安能复为之下。壮哉斯言，可以立懦夫之志矣。观古燕齐荆楚之败，或国覆主灭，或鱼县鸟窜，终能建功立事，康复社稷，岂曰天助，亦人谋也。向使怀苟存之计，纳谯周之言，何邦基之能构，令名之可获哉？禅既阘主，周实驽臣，方之申包胥、田单、范蠡、大夫种，不亦远乎？

其致惜于国社，若此其切也。“民为贵，社稷次之，君为轻。”干、孙持论，固深达于此。而孙盛之论华歆迎降孙策，则曰：“夫大雅之处世也，必先审隐显之期，以定出处之分，否则括囊以保其身，泰则行义以达其通。歆既无夷皓韬邈之风，又失王臣匪躬之操。故挠心于邪儒之说，交臂于陵肆之徒。位夺于一竖，节堕于当时。昔许、蔡失位，不得列于诸侯，州公实来，鲁人以为贱耻。方之于歆，咎孰大焉？”其恶贱辱，励臣节，固若此其严乎。习凿齿谓毌丘俭起义，谓：“毌丘俭事虽不成，可谓忠臣矣。夫竭节而赴义者我也，成之与败者时也。我苟无时，成何可必乎？忘我而不自必，乃所以为忠也。古人有言，死者不生，生者不愧。若毌丘俭，可谓能不愧也。”其褒忠臣，又若此其笃也。若其恶僭乱，耻撰辱，于邪正之辨，义正而辞严，殆凛乎不可犯。习氏《春秋》，以蜀为正，而深责魏吴，其《别周鲁通诸葛论》曰：

> 客问曰：周瑜、鲁肃何人也？主人曰：小人也。客曰：周瑜奇孙策于总角，定大好于一面，摧魏武百胜之锋，开孙氏偏王之业。鲁肃一见孙权，建东帝之略。子谓之小人，何也？主人曰：此乃真所以为小人也。夫君子之道，故将竭其直忠，佐扶帝室，尊主宁时，远崇名教。何由尽臣礼于孙氏于汉室未亡之日邪？客曰：诸葛武侯，翼戴玄德，与瑜、肃何异？而子重诸葛，毁瑜、肃，何其偏也？主人曰：夫论古今者，故宜先定其所为之本，迹其致用之源。诸葛武侯龙蟠江南，托好管、乐，有匡汉之望，是有宗本之心也。今玄德汉高之正胄也，信义著于当年，将使汉室亡而更立，宗庙绝而复继，谁云不可哉？

习氏之所以尊蜀而责吴者亦深矣。孙氏论吴臣魏曰："昔伯夷、叔齐不屈有周，鲁仲连不为秦民。夫以匹夫之志，犹义不辱，况列国之君，三分天下，而可二三其节，或臣或否乎？余观吴蜀，咸称奉汉，至于汉代，莫能固秉臣节，君子是以知其不能克昌厥后，卒见吞于大国也。向使权从群臣之议，终身称汉将，岂不义悲六合、仁感百世哉？"孙之责吴，与习之推蜀，辞无二旨。则安国抑魏，义若严霜，论犹迅霆，诛贼乱，诚不稍假也。习氏《晋承汉统论》曰：

> 今若以魏为有代王之德，则其道不足。有静乱之功，则孙、刘鼎立。道不足，则不可谓制当年，当年不制于魏，则魏未曾为天下之王。王道不足于曹，则曹未始为一日之王矣。……且夫魏自君之道不正，则三祖臣魏之义未尽。义未尽，故假途以运高略。道不正，故君臣之节有殊。虽我德惭于有周，而彼道异于殷商故也。……夫欲尊其君，而不知推之于尧舜之道，反厝之于不胜之地。岂君子之高义，请于是止矣。

习氏所以厉臣节者诚殷，然又以魏自君之道不正，明晋亦“无逆取之嫌”。似刘、萧以往，不尚纯臣之节，皆昉于此欤！若夫汉蜀之间，事非以暴易暴。故凛然正义，下视僭乱之代，辞旨迥殊。故迹或有符，而予夺各异，权变陆离，义乃益精。此《春秋》贵正之词所以为卓绝也。《宋略》于司马休之举兵内向，裴子野曰：“司马休之之动，非其时也。天方厌晋，罔敢知吉。己虽欲得，无乃违天乎？五运无不亡之国，为废姓受朝，贤若三仁，且犹颠沛，而况豪侠哉？昔中原殄寇，道尽于时，四海争秦，岂徒系晋。得失存乎大义，故能遂荒南土，其兴也勃焉，至义熙不异于是矣。而宋家（疑宗室误文）支离，未忘前事，波逆越逸，祸将日寻，岂勘黎之伐宏少，将咎周之徒孔炽。”诚以徒德受命，百姓与能，汤武鼎革，闻诛一夫，非所与于君也。况曹、马规模，群盗相袭，元勋佐命，胥自寒人，而清华世胄，亭亭物外（见赵氏《论江左世族无功臣》《南朝多以寒人掌机要》二条）。俯瞩风尘，自无取于君臣之固也。刘子玄谓："张祎阴受君命，戕贼零陵，乃守道不移，饮鸩而死。虽古人钼麑义烈，何以加诸？……事皆阙如，何以申其褒奖？"乃不见子野既致惜于休之，更何有于张氏。刘宋受命，何异萧陈，而几原独许其为"义取天下"。至乎唐世，为说不殊。则以江东以来，悠悠百年，丰功伟烈，所未曾有。尊其诛攘之勋，略其篡夺之咎，盖种族之情殷，故禅代之责恕也。若《史通》言："当宣、景开基，或列营渭曲，见屈武侯。或发仗云台，取伤成济。陈（寿）、王（隐）、陆（机）、虞（预），栖毫靡述。至凿齿乃申以死葛走达之说，抽戈犯跸之言。历代厚诬，一朝永雪。考斯人之书事，乃古之遗直欤？"以今考之，干宝《晋纪》称："成济问贾充曰：事急矣，若之何？充曰：公畜养汝等，为今日之事也，夫复何疑。"又称："王经正直，不忠于我，故诛之。"是述云台事也。孙盛《阳秋》称："遗高祖巾帼。巾帼，妇人之饰，欲以激怒，冀获曹咎之利。"是述渭曲之事也。皆直书晋恶，不为回曲。干、孙、习氏，皆百世之铁钺也。振已绝之纲维，伸笔伐于衰俗，岂徒绝桓氏之觊觎，彰枋头之失利，所谓义形于色者耶?

六 史例之进步

中国史籍之富，并世诸国，莫能与抗，而究论作史之法，亦以中国为最先，《史通》固其选也。《史通》言："夫史之有例，犹国之有法，国无法则上下靡定，史无例则是非莫准。昔夫子修经，始发凡例，《左氏》立传，显其区域。迄乎有晋，年逾五百，虽史不乏才，而斯文终绝。唯令升先觉，远述丘明，重立凡例，勒成《晋纪》，邓、孙以下，遂蹑其踪，史例中兴，于斯为盛。"《春秋》以变文见义，事不必论，干、孙以下，乃有恒规，此则《史通》之所由仿也。干宝之释五志也，"体国经野之言则书之，用兵征伐之权则书之，忠臣烈士孝子贞妇之节则书之，文诰专对之辞则书之，才力技艺殊异则书之"。盖所谓"审正得序"，而能祛史不胜史之弊，为何如耶?此其所以当五百年史例中兴之盛者耶!《文心雕龙·史传篇》曰："《春秋》经传，举例发凡。自《史》《汉》以下，莫有准的。至邓璨《晋纪》，始立条例，又撮汉魏，宪章殷周，虽湘川曲学，亦有心典谟。及安国立例，乃邓氏之规焉。"则邓氏亦言史例之俊也。《史通》又曰："杜预申以注释，干宝借为师范。"(《申左篇》原注云：事具干宝《晋纪·叙例》中）知干之立例，又本于杜之释《左》。杜氏《春秋经传集解序》曰：

故发传之体有三，而为例之情有五：一曰微而显，文见于此，而起义在彼。称族尊君命，舍族尊夫人，梁亡，城缘陵之类是也。二曰志而晦，约言示制，推以知例。参会不地，与谋曰及之类是也。三曰婉而成章，曲从义训，以示大顺。诸所讳辟，璧假许田之类是也。四曰尽而不污，直书其事，具文见义。丹楹，刻桷，天王求车，齐侯献捷之类是也。五曰惩恶而劝善，求名而亡，欲盖而章。书齐豹盗，三叛人名之类是也。

杜之说《左》，而干、孙沿之。依准丘明，遂承杜义。然荀悦述《汉纪》，其《序》曰："夫立典有五志焉：一曰达道义，二曰彰法式，三曰通古今，四曰著功勋，五曰表贤能。于是天人之际，事物之宜，粲然显著，罔不备矣。"殆杜之释《左》，又因乎荀之述《汉》。六代之史，盛于编年，固自荀氏首启之也。邓、孙之说既亡，沈、魏之书又略，于后言史例者，唯魏澹耳。《隋书》著澹之史例：

其一曰：《曲礼》天子不言出，诸侯不生名，诸侯尚不生名，况天子乎？若为太子，父前子名，礼之意也。至如马迁，周之太子皆言名，汉之储两没其讳，恐非其义。班

> 固、范晔、陈寿、王隐、沈约，参差不同，尊卑失序。至于魏收讳储君之名，书天子字，过又甚焉。其二曰：三代之英，贤圣相承，莫过周室。名器不及后稷，追谥止于三王。魏氏以前，部落之君长耳，太祖远追二十八帝，并极崇高，当须直笔，裁而正之。其三曰：南巢桀亡，牧野纣灭，未尝隐讳，直笔书之。而太武、献文并皆非命，杀主害君，莫知名姓，逆臣贼子，何所惧哉？兵交御坐，而可隐没乎？其四曰：楚问九鼎，吴征百牢，无君之心实彰，夫子刊经，皆书曰卒。自晋德不竞，宇宙纷崩，聘使往来如敌国，及其终也，书之曰死，便同庶人，存没顿殊。今所撰诸国，凡处华夏之地者，皆书曰卒，同之吴楚。其五曰：壶遂发问，马迁答之，义已尽矣，后之述者，仍未领悟。董仲舒、司马迁之意，本云《尚书》者隆平之典，《春秋》者拨乱之法。兴衰理异，制作亦殊。治定则直叙钦明，世乱则辞兼显晦。故云周道废、《春秋》作焉，尧舜盛、《尚书》载之是也。汉兴以来，改正朔，易服色。臣力诵圣德，仍不能尽。余所谓述故事，而君比之《春秋》，谬哉！然则纪传之体，出自《尚书》，不学《春秋》，明矣。（节引）

魏收云：“鲁史既修，达者贻则，子长自拘纪传，不存师表。盖泉源所由，地非企及，虽复逊辞畏圣，亦未思纪传所由来也。”史例之说，至是已著，复又别启新途，以《尚书》述隆平，而《春秋》为拨乱。纪传编年，准此殊致。唐迄北宋，尚或述之。至说尼父之经，同商君之律，倘亦自魏氏而启欤！夫班之于例，视马为优（刘子玄说）。蔚宗犹谓："班氏最有高名，既任情无例，不可甲乙，惟志可推耳。博赡可不及之，整理未必愧也。"其睥睨孟坚，自负已甚。叶水心亦有蔚宗书"用律精深"之叹。是三史相承，后则益整。盖编年之家，假《春秋》以启其端，作纪传者从而踵其成规，而史例遂以益密。饮水思源，则循颂子玄之书，而后知荀、杜、干、孙肇造之功为不可没也。以子玄之书，校诸五典、五志，识小识大，相去何其远也。至若陆机以降，议断限者非一，以罔关于宏旨，不复觇缕。

七　史体之发达

张辅《名士优劣论》云："世人论司马迁、班固才之优劣，多以固为胜。余以为失。迁之著述，辞约而事举，叙三千年事，唯五十万言。固叙二百年事，乃八十万言。烦省不敌，固不如迁，此真所以为良史也。"而干宝著书，盛誉丘明，深抑子长。其义云："能以三十卷之约，囊括二百四十年之事，靡有遗也。"言史贵约，实晋人之创论，赞编年，退纪传，此又一义焉，非但述丘明立凡例而已。于是班、荀二体，角力争先。《春秋》以还，编年之作，至是而再振。范晔云："《春秋》者文既总略，好失事形，今之拟作，所以为短。纪传者，史、班之所变也，网罗一代，事义周悉。适之后学，此焉为优。"蔚宗于编年盛行之后，更吹纪传已死之灰，与两宋二派相争之情无少逊。而唯执网罗周洽以为言，仅断断致辩于博约，则视宋代各所持论，惜霄壤之不侔也。自是编年为新程，纪传为旧轨，分途竞爽，难诘风生。然纪传之中，亦颇有能越乎班、马之故步，非徒乞灵于枯骨者。刘知几言："鱼豢、姚最著魏梁二史，巨细毕载，而俱牓之以略。"斯其为名已殊，寻察佚文，则为传之实更异。今其可知者，有《佞幸传》《游说传》《儒宗传》《纯固传》《苛吏传》《清介传》《勇侠传》《知足传》《西戎传》，杂传之多，此盖为最。刘氏惟论王晋之《十士》《寒俊》，沈宋之《二凶》《索虏》，固不逮鱼氏之密也。若《隋书·许善心传》称：

> 善心父亨撰著《梁史》，未就而殁。善心述成父志，成七（当作六）十卷。《四帝纪》八卷，《后妃》一卷，《三太子录》一卷，为一帙十卷。《宗室王侯列传》一帙十卷，《具臣传》二帙二十卷。《外戚传》一卷，《孝德传》一卷，《诚臣传》一卷，《文苑传》二卷，《儒林传》二卷，《逸民传》一卷，《数术传》一卷，《藩臣传》一卷，合一帙十卷。《止足传》一卷，《列女传》一卷，《权幸传》一

卷，《羯贼传》二卷，《逆臣传》二卷，《叛臣传》二卷，《叙传论述》一卷，合一帙十卷。（依《北史》补正，许亨为陈人，故论之于此。）

具臣、杂传，同有二帙，各占其半，则不徒为类之多，而居全书之量已宏，汉唐纪传，未有若此者也。何法盛作《晋中兴书》，《史通》言："东晋之史，作者多门，何氏实居其最。"何之元《梁典序》曰："法盛《晋书》，变帝纪为帝典，既云师古，在理为优。"《史通》言："法盛改表为注。"又言："何氏《中兴》，易志为说。"（《题目篇》误作记，此依《书志篇》校正。）何氏改纪曰典，改表曰注，改志曰说，改传曰录，悉易旧名也。至其为录，则更自创新规，无复旧矩，其佚文之可考者，曰《陈郡谢录》《颍川庾录》《济阴卞录》《会稽贺录》《琅琊王录》《济阳江录》《陈郡袁录》《太原王录》《顺阳范录》《陈留阮录》《范阳祖录》《浔阳陶录》《太原温录》《高平郄录》《吴郡顾录》《丹阳纪录》《汝南周录》《丹阳薛录》《汝南应录》《东阿郭录》《会稽虞录》《庐江何录》《琅琊诸葛录》《陈郡殷录》《会稽孔录》《丹阳陶录》《太康孙录》。又有《桓录》《荀录》《陆录》《干录》，亦必原系地望，而后之称引者或略之。亦有《桓玄录》《刘隗录》。宗室王者曰《威蕃录》，戎狄之君又曰《胡录》。其《悬象说》，则天文志也。《征祥说》，则符瑞志也。夫岂苟为异同，决荡班、马。诚以门阀既崇，族高地盛，非家以世系，则不能曲畅事情。李延寿依之作南、北史，盖六朝之事，殊于往代，非此莫宣。鱼氏以还，杂传之多，义亦犹是。岂得已而不已者耶？诚以一代之史，期以畅一代之情。而世之先后既殊，斯事之轻重匪一。作者之于旧体，自宜或散或合，有创有因。必百变其端，乃所以为心同貌异。效颦学步，马、班之鬼，宁忍是哉？自唐以降，正史狃于恒格，后学遂不措意于六代纪传之别裁，鱼目明珠，昏不知省，亦可喟矣。纪传既立新规，编年亦非旧轨。《陈书》言：

何之元以梁氏肇自武皇，终于敬帝，七十五年行事，草创为三十卷，号曰《梁典》。序曰：梁有天下，自中大同以前，区宇宁晏。太清以后，寇盗交侵。首尾而言，未为尽美，故开此一书，分为六意：以高祖创基，因乎齐末，寻宗讨本，起自永元。今以前如干卷为追述。高祖生自布衣，长于弊俗，爰逮君临，弘斯政术，四纪之内，实云殷阜。今以如干卷为太平。世不常夷，时无恒治，今以如干卷为叙乱。高祖晏驾，太宗幽辱，拨乱反正，厥庸在斯。今以如干卷为世祖。至于四海困穷，五德升替，敬皇绍立，仍以禅陈。今以如干卷为敬帝。骠骑王琳，崇立后嗣，虽不达天命，然是其忠节。今以如干卷为后嗣主。至在太宗，虽加美谥，而大宝之号，世所不遵，盖以拘于贼景故也。承圣继历，自接太清，神笔诏书，岂宜辄改。详之后论，盖有理焉。

则荀氏编年之作，斯又独树异帜者焉。若《史通》言："陆机《晋书》，直叙其事，竟不编年，年既不编，何纪之有！"机之自申，则谓："三祖实终为臣，故书为臣之事，不可不如传，此实录之谓也。而名同帝王，故自帝王之籍，不可以不称纪，则追王之义。"李德林称："陆机以刊木著于《虞书》，龛黎见于《商典》，以蔽晋朝正始、嘉平之议。"此三祖实终为臣之说也。又称："陆机见舜肆类上帝，班瑞群后，便云舜有天下，不须格于文祖。"此名同帝王之说也。机之义据，源本《尚书》。斯又出乎二体之外，别为一家之法，逸响孤方，莫为先后者也。王劭《隋书》，其制益伟，别章述之。

附录：

阮孝绪《七录目录·传记录》

国史部二百一十六种　注历部五十九种　旧事部八十七种　职官部八十一种　仪典部八十种　法制部四十七种　伪史部二十六种　杂传部二百四十一种　鬼神部二十九种　土地部七十三种　谱状部四十二种　簿

录部三十六种

右十二部一千二十种。

《隋书·经籍志》史部目录

《史记》以下六十七部为正史　《纪年》以下三十四部为古史　《周书》以下七十二部为杂史　《赵书》以下二十七部为霸史　《穆天子传》以下四十四部为起居注　《汉武故事》以下二十五部为旧事篇　《汉官解诂》以下二十七部为职官篇　《汉旧仪》以下五十九部为仪注篇　《律本》以下三十五部为刑法篇　《三辅决录》以下二百一十七部为杂传　《山海经》以下一百三十九部为地理之记　《世本》以下四十一部为谱系篇　《七略》《别录》以下三十部为簿录篇

凡史之所记八百一十七部，开其事类为十三种，别为史部。

《史通·杂述篇》略曰：

> 爰及近古，史氏流别，殊途并骛，其流有十：一曰偏记，二曰小录，三曰逸事，四曰琐言，五曰郡书，六曰家史，七曰别传，八曰杂记，九曰地理书，十曰都邑簿。夫皇王受命，有始有卒，作者著述，详略难均。有权记当时，不终一代。若陆贾《楚汉春秋》、乐资《山阳载记》、王韶《晋安陆纪》、姚最《梁昭后略》，此之谓偏记者也。普天

率土，人物弘多，求其行事，罕能周悉，则有独举所知，编为短部，若戴逵《竹林名士》、王粲《汉末英雄》、萧世诚《怀旧志》、卢子行《知己传》，此之谓小录者也。国史之任，记事记言，视听不该，必有遗逸。于是好奇之士，补其所亡，若和峤《汲冢纪年》、葛洪《西京杂记》、顾协《琐语》、谢绰《拾遗》，此之谓逸事者也。街谈巷议，时有可观，小说卮言，犹贤于已，故好事君子，无所弃诸，若刘义庆《世说》、裴荣期《语林》、孔思尚《语录》、阳玠松《谈薮》，此之谓琐言者也。汝颍奇士，江汉英灵，人物所生，载光郡国，故乡人学者，编而记之，若圈称《陈留耆旧》、周斐《汝南先贤》、陈寿《益部耆旧》、虞预《会稽典录》，此之谓郡书者也。高门华胄，奕世载德，思显父母，纪其先烈，若扬雄《家谍》、殷敬《世传》、孙氏《谱记》、陆宗《系历》，此之谓家史也。贤士贞女，百行殊途，取其所好，各为之录，若刘向《列女》、梁鸿《逸民》、赵采《忠臣》、徐广《孝子》，此之谓别传者也。阴阳为炭，造化为工，流形赋象，于何不育，求其怪物，有广异闻，若祖台《志怪》、干宝《搜神》、刘义庆《幽明》、刘敬叔《异苑》，此之谓杂记者也。九州土宇，万国山川，物产殊宜，风化异俗，各志本国，明此一方，若盛弘之《荆州记》、常璩《华阳国志》、辛氏《三秦》、罗含《湘中》，此之谓地理书者也。帝王桑梓，列圣遗尘，书其轨则，龟镜将来，若潘岳《关中》、陆机《洛阳》《三辅黄图》《建康宫殿》，此之谓都邑簿者也。考兹十品，征彼百家，史之杂名，流尽于此矣。如《吕氏》《淮南》《玄晏》《抱朴》，凡此诸子，多以叙事为宗，举而论之，抑亦史之杂也。但以名目有异，不复编于此科。”

八 史识

刘鉴泉氏曰：

史之有论断，非专以褒贬也，乃指点抑扬，以尽情事也。华、范以降，纪传之论渐冗，刘知几已言之。编年则以不如纪传之综合一篇，随意所置而无限制，尤易泛冗。因事抒议，几同子书。后世论断，纤碎少宏旨，求其成家，必在唐以前矣。唐前编年存者，荀氏、袁氏；遗文可见者，干氏、孙氏、习氏、裴氏。荀书为断代编年之祖，其论已繁于《左氏》，多是子家之嘉言，而非史家之要义。袁氏《后汉纪》则不止是。其论或洞达汉故，或阴讽当时，虽多而不泛滥。党锢一段，尤有卓识。历举战国之游说，汉初之任侠，西京之守文，东京之肆直，顺述四风，详其迁变，论其短长。自古史家皆重观风，而未有显著若是者。用观子之法观史，以兼包各尽为主，尤见宗旨，非独编年诸家之所无，抑亦马、班以后之仅见。孙氏《晋阳秋》所论，渐局于一人一事，少通观之识。干氏《晋纪·论晋武革命》及《总论》

二篇，则尤异焉。《论革命》篇，举数外禅内禅、革命征伐之异。又谓古受命以始，晋受命以终，明其得之草率。马迁无土不王之论，项羽重瞳之辞，微婉文谪，貌异心同。《总论》一篇，详言晋之异于先代，因及风俗之靡。称颂周德，谓民情风教，国家之本，扬于一代，覃及妇女。征天下无穷人之谚，免官天子之谣，以为激射。傅玄、刘毅、傅咸、鲁褒之言，以见一时之势。由政及风，因文得事，史识之妙，于此可征。岂独非帝王家谱相斫书之见，即彼能知盛衰之纪者，亦未必皆如是之宏远也。刘知几评论赞，于马、班以降，独称干、范与裴、袁，而以彦伯为务饰玄言。盖矫烦多之病，而未以所言第其高下也。司马《通鉴》之论，止承荀法，其选论赞，颇为不苟：凡录荀论一，裴论四，干论一，而袁论乃见遗。是知史家观风立旨之意，不明久矣。

附录：

袁宏《后汉纪》论党锢

春秋之时，礼乐征伐，霸者迭兴，以义相持，故道德仁义之风，往往不绝。虽文辞音制，渐相祖习，然宪章轨仪，先王之余也。战国纵横，强弱相凌，臣主侧席，忧在危亡。莫不旷日持久以延名业之士，而折节吐诚以招救溺之宾。故有开一说而飨执珪，起徒步而登卿相，而游说之风盛矣。高祖之兴，草创大伦，解赭衣而为将相，舍介胄而居庙堂。皆风云豪杰，崛起壮夫，非有师友渊源，可得而观。徒以气勇武功，彰于天下，而任侠之风盛矣。逮乎元、成、明、章之间，尊师稽古，宾礼儒术，故人重其学，各见是其业，徒守一家之说，以争异同之辨，而守文之风盛矣。自兹以降，主失其权，阉竖当朝，佞邪在位。忠义之士，发愤忘难，以明邪正之道，而肆直之风盛矣。夫排忧患，释疑虑，论形势，测虚实，则游说之风有益于时矣。然犹尚谲诈，明去就，间君臣，疏骨肉，使天下之人，专俟利害，弊亦大矣。轻货财，重信义，忧人之急，济人之险，则任侠之风有益于时矣。然竖私惠，要名誉，感意气，雠睚眦，使天下之人轻犯叙之权，弊亦大矣。执诚说，修规矩，责名实，殊等分，则守文之风有益于时矣。然立同异，结朋党，信偏学，诬道理，使天下之人奔走争竞，弊亦大矣。崇君亲，党忠贤，洁名行，厉风俗，则肆直之风有益于时矣。然定臧否，穷是非，触万乘，陵卿相，使天下之人自置于必死之地，弊亦大矣。

干宝《晋纪·总论》

晋之兴也，功烈于百王，事捷于三代，盖有为以为之矣。宣、景遭多难之时，务伐英雄、诛庶桀以便事，不及修公刘、太王之仁也。受遗辅政，屡遇废置，故齐王不明，不获思庸于亳，高贵冲人，不得复子明辟。二祖逼禅代之期，不遑待三分八百之会也。是其创基立本，异于先代者也。又加之以朝寡纯德之士，乡乏不二之老，风俗淫僻，耻尚失所。学者以《老》《庄》为宗而黜六经，谈者以虚荡为辩而贱名检，行身者以放浊为通而狭节信，进仕者以苟得为贵而鄙居正，当官者以望空为高而笑勤恪，是以目三公以萧杌之称，标上议以虚谈之名。刘颂屡言治道，傅咸每纠邪正，皆谓俗吏。其倚杖虚旷、依阿无心者，皆名重海内。若夫文王日昃不暇食，仲山甫夙夜匪懈者，盖共嗤绌以为灰尘，而相诟病矣。由是毁誉乱于善恶之实，情慝奔于货欲之途。选者为人择官，官者为身择利。而秉钧当轴之士，身兼官以十数，大极其尊，小录其要。机事之失，十恒八九。而世族贵戚之子弟，凌迈超越，不拘资次。悠悠风尘，皆奔竞之士，列官千百，无让贤之举。子真著《崇让》而莫之省，子雅制九班而不得用，长虞数直笔而不能纠。其妇女庄栉织纴，皆取成于婢仆，而未尝知女工丝枲之业、中馈酒食之事也。先时而婚，任情而动，故皆不耻淫逸之过，不拘妬忌之恶，有逆于舅姑，有反易刚柔，有杀戮妾媵，有黩乱上下，父兄弗之罪也，天下莫之非也。又况责之闻四教于古，修贞顺于今，以辅佐君子者哉？礼法行政，于此大坏。如室斯构而去其凿契，如水斯积而决其堤防，如火斯畜而离其薪燎也。国之将亡，本必先颠，其此之谓乎？故观阮籍之行，而觉礼教崩弛之所由；察庾纯、贾充之事，而见师尹之多僻；考平吴之功，而知将帅之不让；思郭钦之谋，而悟戎狄之有衅。览傅玄、刘毅之言，而得百官之邪。核傅咸之奏、《钱神》之论，而睹宠赂之彰。民风国势如此，虽以中庸之才、守文之主治之，辛有必见之于祭祀，季札必得之于声乐，范燮必为之请死，贾谊必为之痛哭，又况我惠帝以荡荡之德临之哉？故贾后肆虐于六宫，韩午助乱于外内，其所由来者渐矣，岂特一妇人之恶乎。

九　汉以后有关古史之著作

司马迁作《史记》，自云："厥协六经异传，整齐百家杂语。"盖于时汉武帝方崇儒术，"罢黜百家，表章六经"，史迁乃"考信于六艺""折衷于夫子"。然是非终颇缪于圣人，诚以涉猎者广，学问者杂，疏略牴牾，势所不能免也。即以班固《汉书》言之，于《史记》之补其阙失，匡其谬误，宁止一二。拾遗正误，是诚有俟于后贤。《史通》言："巴西谯周，以迁书周秦以上，或采家人诸子，不专据正经，于是作《古史考》二十五篇，皆凭旧典，以纠其谬，与《史记》并行于代。"诚以时经两汉，考论明而是非略定，谯周所资以立论者，固与马迁异也。迁依宰予所传《五帝德》《帝系姓》作本纪始黄帝，而宓牺、神农虽著见于《春秋》《易传》，亦遭摈落，致后代论遂古者，徒为纷纷。而谯周依伏生、郑玄诸儒西汉之通说，以燧人为百王之首。说燧人、伏羲、神农为三皇（《曲礼正义》引），黄帝、颛顼、帝喾、唐尧、虞舜为五帝（《史记正义》及《索隐》引），此殆两汉之恒言，非周一人之私说。又云：

> 古者茹毛饮血，燧人初作燧火，人始燔炙。燧人次有三姓，乃至伏羲，制嫁娶以俪皮为礼，作卦观象而作网罟。伏羲次有三姓至女娲，后五十姓至神农。作耒耜教民耕农，民方食谷，释米加烧石之上而食之。神农至炎帝一百三十二姓。大庭氏姜姓，以火德王，故号曰炎帝。炎帝之后凡八代五百余年轩辕氏代之。黄帝时始有釜甑，火食之道成矣。（以意连缀诸书所引）

言颇秩然有序，符于历史发展之迹，仅述中更几姓，不取十纪万年千年之荒唐，其所依据不可具知，而说必有所本，为两汉所同信，则可知也。此固足以补马迁之缺者。其言：“《国语》云，世后稷以服事虞夏，言世稷官，是失其代数也。若以不窋亲弃之子，至文王千余岁惟十四代，实亦不合事情。”又言：“契生尧代，舜始举之，必非喾子，以其父微故不著名。”“弃，帝喾之胄，其父亦不著。”又言：“《春秋传》燕与子颓逐周惠王者，乃南燕姞姓也，《世家》以为北燕，失之。”又说：“徐偃王与楚文王同时，去周穆王远矣。且王者行有周卫，岂闻乱而独长驱、日行千里乎？”（章宗源辑《古史考》多漏缺，兹更依《通鉴外纪注》《史记索隐》及《正义》所引者用之。）此皆迁言显然错误，谯周所论皆足纠其失者也。周又言：“秦既燔书，时人欲言《金縢》之事，失其本末，乃言成王少时病，周公祷河欲代王死，藏祝策于府。成王用事，人谗周公，周公奔楚，成王发府见策，乃迎周公。”此正驳《鲁世家》取伏生《大传》所记《金縢》事，与古文家说《尚书》相违。而史迁又取蒙恬三晋之说以附于后，与鲁人《尚书》乃大异，而谯氏斥之。于《孟荀列传》谯氏云：“观太史公此论，是其爱奇之甚。”谯周书所以诋史公者非一，至以所据不同，见理各异，而斥史公之非，固以所资于时代认识之有殊，由今观之，诚不可为定论。又云：“公伯缭是谗愬之人，非弟子之流，列七十二贤之数，盖太史公误。”则固也。

《晋书·司马彪传》言：“初，谯周以司马迁《史记》书周秦以上，或采俗语百家之言，不专据正经，周于是作《古史考》二十五篇，皆凭旧典以纠迁之谬误。彪复以周未尽美也，条《古史考》中凡百二十二事为不当，多据《汲冢纪年》之义，亦行于世。”盖西汉经术有齐学、鲁学之殊，东汉则有今文、古文之异。郑玄网罗众典，为一家言。王肃取贾、马之说以驳郑氏，行于晋代。自是以后，南学宗王，北学宗郑。王肃伪窜《家语》《尚书》，此说大明于丁俭卿。南学多取汲冢古文，其论始发于刘申叔。司马彪固王学之徒，谯周则宗郑氏，而彪驳之。书虽不传，其事可揣而知也。皇甫谧作《帝王世纪》，孔颖达《尧典正义》引《晋书·皇甫谧传》言："姑子外弟梁柳边得《古文尚书》（伪孔安国），故作《帝王世纪》，往往载孔传五十八篇之书。"（此文不见于今之《晋书》）谧书宋翔凤有辑本。其书始天皇大帝曜魄宝，地皇为天一，人皇为太一，可谓诞矣。以伏羲、神农、黄帝为三皇，少昊、颛顼、帝喾、尧、舜为五帝，此为取于王肃伪《家语》之说，又妄以《庄子·胠箧》所言容成氏、大庭氏十余家为伏羲之后，而去《庄子》所引轩辕、伏羲、神农，又别益以《商君书》之昊英氏，《韩非书》之有巢氏，《吕览》之朱襄氏、葛天氏、阴康氏，《管子书》之无怀氏，共十五代，可谓狂矣。殆即本之班固《古今人表》而少损之，岂士安亦不解《人表》之意，而误以为伏羲之后耶！后来《金楼子》《六韬》之属皆承其妄，流传至于明清不绝，皆士安始为之俑也。至于夏著后羿、寒浞之事，于周著共伯和之事，羿、浞事见《左传》，共伯和事正王子朝所谓厉王居彘，"诸侯释位以间王政"，可信为实。《汲冢纪年》率皆证之，乃史迁遗而不录，士安于此可谓能补《史记》之阙也。惟《纪年》言："幽王死，申侯、鲁侯、许文公立平王于申，虢公翰立王子余，二王并立，余为晋文侯所杀，是为携王。"正王子朝所谓"携王奸命，诸侯替之"，事亦不诬。士安书不记此事，盖羿、浞、共和事皆见《古今人表》，而王子余则不见。知士安于此事，亦依《人表》为说也。然《史记》于殷周先世，取之《世本》而有所遗，班固于《人表》能补之，皇甫于班所补者皆以为字，则又妄也。迁书《六国年表》最为谬误，司马光于《通鉴考异》云："自鲁僖公五年正月辛亥朔旦冬至，推之至成公十二年、定公七年、元公四年、康公四年、缗公二十二年、汉高祖八年、武帝元朔六年、元帝初元二年十一月癸亥朔旦冬至，其间相距皆七十六年，此最为得实，又与《鲁世家》注皇甫谧所记皆合。"《史记》三家注于《鲁世家》多引《汲冢纪年》为说，亦颇引皇甫谧，盖谧书于考年为勤也。司马光又云："《史记·魏世家》云：惠王三十六年卒，子襄王立，襄王十六年卒，子哀王立，哀王二十三年卒，子昭王立。按《汲冢纪年篇》惠王三十六年改元，从一年始至十六年而称惠成王卒。太史公误分惠成之世，以为二王之年数也。《世本》惠王生襄王，而无哀王。魏史所书魏事，必得其真。"是温公于六国之年，原取证于《纪年》，而独以《鲁世家》注与皇甫谧所记皆合，亦见皇甫氏书似即取之《纪年》以改正史公之误。亦正今世论《六国年表》者所由取证。此亦士安始启其端，而导后人之先路者也。士安亦颇考春秋以前之年，以上至于三代以往，且各以干支纪岁。但仅据历法以论遂古之事，则亦大惑矣。于古代帝王都邑，亦考论至详，然所取者盖杂。司马彪《续汉书·郡国志》即专详于古之都邑，皆难可尽信。至条其星野分次，与蔡邕辈复不相同。至所论古代人口垦田之数，则其事至奇。谓：

> 禹平水土，九州之地，凡二千四百余万顷，定垦者九百二十万八千二十四顷，不垦者千五百万二千顷。民口千三百五十五万三千九百二十三人。及周公相成王，民口千三百七十一万四千九百二十三人，多禹十六万一千人。至齐桓公二年，周庄王之十三年，庶民凡千百八十四万七千人。除有土老疾，定受田者九百万四千人。至于战国，考苏、张之说，计秦及山东六国戎卒，尚存五百余万，推民口数尚当千余万。

以下接两汉三国户口。无论数非合理，即齐桓二年，从何得此统计数字，皆不可知。惟其必有所据，则可断言。司马贞云：“按神农之后凡八代，事见《帝王代纪》及《古史考》，然古典亡矣，谯、皇二氏皆前代博文君子，考按古书，而为此说，岂至今凿空乎？”

于今论之，神农八代之说，出《春秋命历叙》，《礼记·祭法》疏引之，当本于熊安生、皇侃辈之书。《索隐》之言，要为合理。且《吕氏春秋》又言“神农有天下十七世”。古书歧说多矣，谯、皇书虽琐碎，况谯氏迂曲，皇氏狂肆，是其所短；而古史奇文，亦赖以保存于后。即如汉之帝后，各有名字，此正班、范所遗，而皇别有所据也。故唐宋诸贤于其书多所征用，诚不可废矣。司马贞作《史记索隐》，又补《史记·三皇本纪》，大同皇氏之书。其言曰：“太史公作《史记》，古今君臣，宜应上自开辟，三皇已还，君臣之始，教化之先，既论古史，不合全缺。近代皇甫谧作《帝王世纪》，徐整作《三五历》，皆论三皇以来事。今并采而集之，作《三皇本纪》。”此为司马贞之学源于皇甫谧之证。而于大庭至无怀十五君，亦正取皇甫之说。而谓：“斯盖三皇以来有天下者之号，皇甫谧以为皆袭庖牺之号，事不经见，难可依从。古封泰山，首无怀氏，乃在太昊之前，岂得如谧所说。”则小司马之于皇甫，亦善而知其恶，污不至阿其所好者也。稍惜其不知据《古今人表》并共工、东扈、帝鸿、容成而并著之，亦一蔽也。其详说地道，备引《纪年》，正取法于士安。至其驳正旧说，横厉无前，亦皇甫氏之风也。《隋志》言《帝王世纪》起三皇，《玉海书目》言起太昊，今宋氏辑本，太昊以前，别著天皇、地皇、人皇，是皆不符

《隋志》《玉海》所记。盖天、地、人三皇之在皇书，正如司马所补附存于卷后而已。至宋刘恕仍存此法。宋氏不知此意，列之太昊之前，翻为皇甫之累。宋氏又极言皇甫不用《伪孔尚书》，谆谆致辩。实则皇甫于《伪孔》或取或不取则有之，以为未见则非也。斯皆不知南学本源，罔用辞费。宋氏固以今文家法自诩，乃其不知家法如此。清人之学，大率如是，是又非特宋氏一人之失也。

怀疑古代传说，始于屈原，诋毁儒家载籍，极于韩非。此思想转变之一会也。孔融、嵇康讥讪汤、武，此思想学术转变之又一会也。下及唐代，于汉魏传统之说，莫不摧破而更张之。刘知几疑古之论，应运而发，于是刘轲、柳冕、萧颖士之伦，奋臆而谈，訾短五史，遂开欧、马之端。而启蒙之功，则子玄正所谓汝南晨鸡登坛先唤者也。刘氏谓："向使汉魏晋宋之君生于上代，尧舜禹汤之主出于中叶，俾史官易地而书，各序时事，校其得失，固未可量。"诚有迅雷惊霆、发聋振聩之劳者乎？其疑古之一言：

> 《虞书》美放勋克明俊德。陆贾《新语》又曰：尧舜之人，比屋可封。案《春秋传》云：帝鸿氏、少昊氏、颛顼氏各有不才子，谓之浑沌、穷奇、梼杌。此三族也，世济其凶，尧不能去。缙云氏有不才子谓之饕餮，以比三族，俱称

四凶。斯则当尧之时，善恶无分，贤愚共贯。《论语》有云：舜举咎繇，不仁者远。是则咎繇未举，不仁甚多。弥验尧时，群小在位。又安得谓之克明俊德、比屋可封者乎？

其二言：

《尧典·叙》云：将逊于位，让于虞舜。案《汲冢琐语》舜放尧于平阳，而书云某地有城，以囚尧为号。（《括地志》云：故囚尧城在濮州鄄城县。《竹书》云：昔尧德衰，为舜所囚也。）据《山海经》，谓放勋之子为帝丹朱，而列君于帝者，得非舜虽废尧，仍立尧子，俄又夺其帝者乎？观近古奸雄，或废父而立其子，或黜兄而奉其弟。始示推戴，终成篡夺。斯则尧之授舜，其事难明。谓之让国，徒虚语耳。

其三言：

《虞书·舜典》云：五十载，陟方乃死。注云：死苍梧之野，因葬焉。案苍梧者，汉称零、桂，山连五岭，地气歊瘴，百金之子，惮履其途。万乘之君，而幸其国。且舜何得以垂殁之年，更践不毛之地，兼复二妃不从，怨旷生离，万里无依，孤魄溘逝，让王高蹈，岂其若是者乎？自古人君废逐，若夏桀放于南巢，赵嘉迁于房陵，周王流彘，楚帝徙郴，语其艰棘，未有若斯之甚者也。斯则陟方之死，其殆文命之志乎？

其四言：

《汲冢书》云：舜放尧于平阳，益为启所诛。又曰：太甲杀伊尹，文丁杀季历。凡此数事，语异正经。推而论之，启之诛益，犹可覆也。何者？舜废尧而立丹朱，禹黜舜而立商均。益手握机权，势同舜禹，而欲因循故事，坐膺天禄，其事不成，自贻伊咎。观夫近古篡夺，桓独不全，马仍反正，若启之诛益，亦犹晋之杀玄乎？

其六言：

夫五经立言，千载犹仰，而求其前后，理甚相乖。何者？称周之盛也，则云三分有二，商纣为独夫。语殷之败也，又云纣有臣亿万人，其亡血流漂杵。斯则是非无准，向背不同者焉。又案武王为《泰誓》，数纣过失，亦犹吕相为晋绝秦，陈琳为表檄魏，欲加之罪，能无辞乎？而后来诸子，竞列纣罪，有倍五经。自古言辛、癸之罪，将非厚诬者乎？

其九言：

《论语》曰：太伯可谓至德也已，三以天下让。案《吕氏春秋》所载云云，斯则太王钟爱厥孙，将立其父。太伯年居长嫡，地实妨贤。向若强颜苟视，怀疑不去，大则类卫伋之诛，小则同楚建之逐。虽欲勿让，君亲其立诸？案《春秋》晋士蒍见申生之将废也，曰为吴太伯，犹有令名。斯则太伯、申生，事如一体，如云可谓至德，无乃谬为其誉乎？

十　北朝史学

自永嘉丧乱，中原文物，凋残尽矣。及魏灭沮渠，师儒所传，仅存于凉州者，稍稍发扬旧业。魏文迁洛，高标华化。际南朝文献之已颓，而北地振之。徐遵明、刘献之导其先路，苏绰、卢辩继之，及关朗、王通，则几于道微也。于时学有南北之歧，文有今古之辨。政术邦典，亦摈晋、宋之近迹，法汉、魏而上之。刊浮丽就质实，易靡曼为刚贞。其于道真，不中不远。孔子从先进，善野人，于南北风尚验之也。北人之学既殊，故治史者虽不若南人之盛，而实有其特具之识焉。《史通·杂说篇》云："或问王劭《齐志》，多记当时鄙言，是乎非乎？曰：古往今来，名目各异，区分壤隔，称谓不同。如今谓中州名汉，关右称羌，易臣以奴，呼母云姊，主上有大家之号，师人致儿郎之称，如此甚多。必寻其本源，莫详所出，阅诸《齐志》，则了然可知。由斯而言，劭之所录，宏益多矣。"又《语言篇》云："王、宋著书，务存直道，方言世语，由此毕彰。"此非其独具高识、远出时流者耶！《载文篇》又曰："劭撰齐、隋二史，文皆诣实，理多可信，至于悠悠饰词，皆所不取。"《叙事篇》复曰："几原务饰虚辞，君懋志存实录，此美恶所以为异也。"王氏所由独步，子玄固能言之。而《隋书·劭传》言："劭为《齐书》，或文词鄙野，或不轨不物，骇人视听，大为有识者所嗤鄙。"刘知几亦言："王、宋之鄙碎，言殊炼金，事同鸡肋。"（《补注》）又曰："江左事雅，裴笔所以专工，中原迹秽，王文由其屡鄙。"则又随俗议评，是非靡准，是固子玄之陋耶？《劭传》又言："劭撰《隋书》，多录口敕，又采迂怪不经之语、委巷之言。"则劭之《隋书》，事犹《齐志》。而更有进者，宋《校隋书叙》曰："《隋书》自王劭以类为篇，至于编年纪传，并缺其体。"子玄亦言："王劭录开皇、仁寿时事，编而次之，以类相从，各为其目。寻其义类，皆准《尚书》。若乃帝王无纪，公卿缺传，则年月失叙，爵里难详。虽欲祖述殷周，宪章虞夏，观其所述，乃似《孔子家语》、临川《世说》，可谓画虎不成，反类犬者也。"（《六家篇》）则继《尚书》之作，开袁枢纪事本末一体之先，端属斯人。乃子玄必訾以画虎类犬，得为有识之论乎？《史通》论《尚书》"尧、舜二典，直序人事，《禹贡》一篇，唯言地理，《洪范》总述灾祥，《顾命》都陈丧礼，兹亦为例不纯者也"。夫《尧典》揭命官之纲，《禹贡》言地理之要，殷人尚鬼，自应备论灾祥，周人尚文，礼莫著于丧祭。此正《尚书》所见者大，近世言文化史者，庶几似之。子玄既讥《尚书》之为例不纯，自不解王氏准《尚书》之旨。读章实斋以来所论议，然后知言史足开千古之长夜者，君懋其人也。是时分隔南北，南谓北为索虏，北谓南为岛夷。李延寿父大师，欲为改正，拟《吴越春秋》，未就而卒，由君懋之法者，李氏亦史人之俊也。

第三章　中唐两宋

一　天宝后之文、哲学与史学

唐初之学，沿袭六代。官修五史，皆断代纪传一体。故《汉书》学，于时独显。与“从晋以降，喜学五经”者异也。徒能整齐旧事，无所创明。而中叶以还，风尚一变。则以唐之思想、学术、文艺之莫不变也。曰“宁道孔圣误，不言郑服非”，此唐初五经正义之学也。《新书·儒学传》言：“啖叔佐善《春秋》，考三家短长，缝绽漏阙，号《集传》，赵匡、陆质传之，遂名异儒。大历时，助、质、匡以《春秋》，施士匄以《诗》，仲子陵、袁彝、袁彤、韦茝以《礼》，蔡广成以《易》，强蒙以《论语》，皆自名其学。”此皆唐之异儒，啖、赵之于《春秋》，亦卢同“《春秋》三传束高阁，独抱遗经究终始”之意也。施士匄以《诗》，亦以《春秋》。文宗所斥为“穿凿之学，徒为异同”者也。于是人自为学，独重大义，视训诂章句若土梗。先秦诸子之书，废置已久，至是则有来鹄之于《鬼谷子》，皮日休之于《司马法》，韩愈、柳宗元于《墨子》《列子》《荀卿》《孟轲》，皆颇出入。而杜牧于《孙子》，杨倞于《荀子》，卢重玄于《列子》，其议论尚皆可寻。至《唐志》所载，贾大隐、陈嗣古于《公孙龙》，胜辅于《慎子》，杜佑于《管子》，陆善经于《孟子》，皆为之注。尹知章遍注《管》《韩》《老》《庄》《鬼谷》，赵蕤作《长短经》，更综纵横儒法，自成一家。是皆一反隋唐传统之学，而乞灵于晚周百家之言。诸子之学，于是蔚起。其从事六经，亦以从事诸子之法求之，而义理之途遂启。《太玄》《法言》渐重于世，注者亦多。孟、荀、扬雄、王通之学尊，而郑玄、马融、杜预、何休之俦废矣。凡《隐书》《谗书》《两同书》《化书》《素履》《无能》《伸蒙》《续孟》之作，皆足以见思想解放之风，而渐入于尊儒之域。排斥释、老，若放淫辞。由解放之后而尊儒，与由传统之见地以尊儒，一内一外，大不侔也。以视清世之以治经之法治诸子，岂不霄壤间哉？思想学术之壁垒一新，则文学不能安于骈俪之旧，而古文之说倡。凡以古文名者，莫不与异儒共声气。李舟叙《独孤常州集》，梁肃序《李翰集》，独孤序《李华中集》，皆以萧颖士、李华、贾至、独孤及并论，信四家者为天宝以来古文之巨擘也。《萧颖士传》言“卢异、贾邕、赵匡、柳并执弟子礼，以次受业”。而陆质即学于赵匡，匡又学于啖助，则皆以《春秋》鸣者。吕温《与族兄皋请学春秋书》，遍论六艺，正大历异儒之旨。而吕温实学古文于梁肃，肃学于独孤及。梁肃而下，由韩愈而皇甫湜，而来无择，而孙樵，其渊源亦远矣。韩愈论中庸诚明之说，欧阳詹从而伸之。韩愈论性三品，皇甫湜从而伸之。至李翱之《复性书》三篇，极于道微也。即杜牧之偏于性恶之旨，斯亦本于韩氏三品之言。是其流既广，而义理之说益著。若陆质之序《东皋子》，其所见视李翱亦伯仲之间。凡古文家之与异儒，皆归于义理。故一则曰“效扬雄、王通之辞”，再则曰“取之六经”。则所谓文起八代之衰者，其思想与异儒为一致，又其人皆相互于师友之间。一质一文，相为表里。与夫唐初正义之学、骈俪之文、释老之教，划若鸿沟，隔如胡越。《汉书》之学，亦因之一蹶不起，而新史学乃萌于是也。

萧颖士为古文家之前驱，而排斥马、班，亦于此发轫。其《与韦司业书》曰：

> 孔圣因鲁史记而作《春秋》，托微辞以示褒贬，全身远害之道博，惩恶劝善之功大。有汉之兴，旧章顿革。马迁倡其始，班固扬其波，纪、传平分，表、志区别。其文复而杂，其体漫而疏，事同举措，言殊卷帙。首末不足以振纲维，支条适足以助繁乱。于是圣明笔削之文废矣。仆欲依鲁

> 史编年，起于汉元，终于义宁，约而删之，勒成百卷。应正朔者，举年以系代。分土宇者，附月以表年。于《左氏》取其文，《穀梁》师其简，《公羊》得其核。综三传之能事，标一字以举凡。挟孔、左而中兴，黜迁、固为放命。自汉元卒于大业，史籍填委，编年之作，亦往往而闻。终未能摧汉臣僭伪之锋，接鲁论之绪。附庸班、范，曾何足云。

萧之所以易班，其要曰约，曰褒贬义法，刘轲、柳冕又从而伸之，而编年之作再起也。萧颖士本传言："颖士谓《春秋》为百王不易之法。而本纪、列传不足为训。撰编年依《春秋》义例，书魏高贵乡公之崩，则曰司马昭杀帝于南阙。书梁敬帝之逊位，则曰陈霸先反。黜陈闰隋，以唐承梁。有太原王绪作《永宁公辅梁书》，黜陈不帝。颖士佐之，亦作《萧梁史谱》及《梁不禅陈论》，以发绪义例。"此所谓应正数、分土宇之说，皇甫湜之《东晋元魏正闰论》，盖即沿颖士而兴。以迄于宋，欧阳修、苏轼、陈师道皆作《正统论》，亦其绪也。褒贬义例之说，沈既济、陆长源之书，亦其志也。自裴光庭引李融、张琪、司马利宾等直弘文馆，撰《续春秋经传》，自战国迄隋。表请天子修经，光庭作传。义例编年通史之作，在唐为异军突起。其必期于褒贬书法者，亦言经重大义之比。以于时哲学思想，已别入一新时期也。

自萧、刘、柳诸家之论倡，盖亦有起而难之者，然终未能全离其说。皇甫湜之《编年纪传论》曰："合圣人之经者，以心不以迹。得良史之体者，在适不在同。编年纪传，何常之有。夫是非与圣人同，辨善恶得天下之中，不虚善，不隐恶，则为纪传、为编年，皆良史也。若论不足以析皇极，辞不足以杜无穷，虽为纪传编年，斯皆罪人。司马氏作纪作传，将以包该事迹，参贯话言，纤悉百代之务，成就一家之说，必新制度而骋才力焉。编年纪事，束于次第，牵于混并，必举其大纲而简于叙事，是以多阙载、多逸文。"持正此论，盖针对柳冕之说。冕之言曰："求圣人之道，在求圣人之心，求圣人之心，在书圣人之法。法者，褒贬凡例是也。"湜虽力伸纪传、抑编年，然曰"是非与圣人同，辨善恶得天下之中"，而主于论之足以析皇极，则于义例之说，未之能易也。李翱《答皇甫湜书》言："仆近得《唐书》，史官才薄，言辞鄙浅。不足以发扬高祖、太宗列圣明德，曾不如范晔、陈寿所为，况足拟左丘明、司马迁、班固之文哉？窃不自度，欲笔削国史，成不刊之书。用仲尼褒贬之心，取天下公是公非以为本。韩退之所谓诛奸谀于既死，发潜德之幽光，是翱心也。仆文彩虽不足以希左丘明、司马子长，岂尽出班孟坚、蔡伯喈之下耶？"习之友于持正，盖亦右纪传之作，而亦主于明褒贬、公是非，斯亦未能外于萧、刘之旨。又兢兢于雄文章，希左、马，是盖古文家必然之论也。观于萧、刘、柳氏之论，皇甫、李翱之说，而后知尹洙之《五代春秋》、吕夏卿之《唐书直笔》所为作，欧阳修之奚为重修《五代史》《新唐书》，又由编年之风，折而入于纪传，固有由也。

二 《五代史》《唐书》之重修与新旧史学

大历以还之新学，虽枝叶扶疏，而实未能一扫唐之旧派而代之，历五代至宋，风俗未能骤变也。旧者息而新者盛，则在庆历时代，然后朝野皆新学之流。五季宋初，新派学者皆潜在草野。若孔维、邢昺、杜镐、舒雅之校撰群经正义，刘昫、薛居正之撰《唐书》《五代史》，文则四六，诗则西昆，《太平御览》《册府元龟》《文苑英华》之集，皆旧派也，实沿《北堂书钞》《艺文类聚》之风。朝列所登，多吴、蜀遗臣，显途皆属旧派。而唐以来之新派，皆潜伏无声华。种放、穆修、柳开、孙复既皆肥遁，而隐居以经术文章教授者尤多，研几则以《易》，经世则以《春秋》，此固源于唐之新学者也。陆游曰："《易》学自汉以后浸微，宋兴有酸枣先生以《易》名家，同时种豹林亦专门教授，传至邵康节，遂大行于时。"《东都事略》言："王昭素，酸枣人，著《易论》三十篇，李、穆而下，有闻于时者，皆其门人也。子仁亦有潜德。”晁公武言：“昭素隐居求志，行义甚高。”赵汝楳言：“《易》灾异于西汉，图谶于东都，《老》《庄》于魏晋之交，赖我朝王昭素、胡安定诸儒挽而回之。”则酸枣先生于《易》学所系之重也。陈振孙言：“皇甫泌著《易解》，其学得之于常州抱犊山人，而萧阳、游中传之。山人不知名，盖隐者也。”《东都事略》言：“陈抟不乐仕进，隐居武当。”又言：“种放隐居终南山豹林谷，闻陈抟之风，往见之。张齐贤称放隐居求志，孝友之行，可励风俗。”又言：“穆修师事陈抟，而传其《易》学。方是时，学者从事声律，未知为古文，修首为之倡，其后尹源与弟洙始从之学古文，又传其《春秋》学。”（《宋史》言苏舜钦辈亦从修学《易》。）又言：“高弁从种放学于终南山，又学古文于柳开。”陈振孙言：“王洙著《周易言象外集》，其序谓学《易》于处士赵期。”文彦博言：“武陵先生龙君平，陵阳人，藏器于身，不交世务，闭门却扫，开卷自得。”范仲淹言：“岷山处士龙昌期，论《易》深达微奥。”是见宋初新学诸儒，守唐人异儒，皆避世无闷，风操峻远。邵雍、胡瑗、孙复，何莫非幽栖岩穴，潜心道微，然后能光大其途。流风既广，而后能祛千载之弊，一洗空之。宋初以还，其人既众，其学亦博，若陈抟、刘牧、周、邵之渊源统系，于宋初之学，所系尤显。盖自唐季以来，学术猥鄙，风俗颓薄，宋兴尚未能革，刘鉴泉氏言：“庆历以前先沿南，而后则沿北。”实则宋代先之显学，与后之显学有殊。经五季之乱，文章在南。庆历以后，新派勃盛，无南北皆新派也。李方叔《师友谈记》：“欧阳公《五代史》最得《春秋》之法，盖文忠公学《春秋》于胡瑗、孙复。”柳、孙一派，殆至欧公而后显。自是以还，政治学术，皆焕然一新，涤荡污蔓，拔一世于清正之域。自天宝、大历以来发其端，至庆历而后盛。文化之肇造，革故而鼎新之，岂易言哉？以纪传一体言之，自马班而下，迄于清修《明史》。凡旧史既成而又别修新史者，事不恒见。苟有之，自必史学鼎盛之际。《后汉书》有七家、《晋书》有九家是也。皆有所不满于旧贯，而别作新书。《唐书》《五代》之有新旧书，职是故耳。若史学衰熄之际，旧作虽陋劣，固亦未有起而重修之者，辽、金、宋、元诸史是也。欧阳修本大历以来新学术之议论，自不洽意于刘、薛之书，而旧史重修之事遂以再起。陈师锡序《新五代史记》曰：

> 五代距今百有余年，故老遗俗，往往垂绝，无能道说者。史官秉笔之士，或文采不足以耀无穷，道学不足以继述作。庐陵欧阳公慨然以自任，潜心累年，而后成书。其事迹实录，详于旧记，而褒贬义例，仰师《春秋》。由迁固而来，未之有也。

其曰“道学”，曰“义例”云者，正萧、刘以来之说也。曰“文采”云者，李翱之说也。柳冕以来，法《春秋》而扬编年，此则绍述纪传，则皇甫氏之说也。近人恒言欧公不自言作书之意，实则唐以来之议论，已为一世之通说，又何俟欧公之自道哉？欧公亦不过取持正、习之虚言而实现之耳。晁公武言：“永叔以薛居正史繁猥失实，重加修定。”孔欧孟言：“《旧五代史》文体劣弱，欧公一削其芜，但笔法谨严，叙事疏略，《司天》《职方》二考，又为未成之书。”盖减截繁秽，归于简洁，亦唐以来之恒论。欧公既未能踵马、班而作书志，二考又为未成之书，则重人治而忽法治，亦于时普遍之见也。曾公亮《进唐书表》曰：“唐三百年治乱兴衰，宜其粲然著在简册，而纪次无法，文采不明。惟唐不幸，接乎五代，衰世之士，气力卑弱，言浅意陋，不足以起其文。”陈振孙亦言：“《旧史》成于五代文体卑弱之时，论赞多用俪语，不足传。”此皆文章之说也。吴缜《新唐书纠谬》序言：“修纪志者则专以褒贬笔削为事，修传者则独以文辞华采为先。”晁公武亦言：“议者颇谓永叔学《春秋》，每务褒贬。子京通小学，刻意文章。”此又及于理道之旨也。《新唐书》之作，盖犹乎《新五代史记》，亦沿萧、柳、皇甫、李翱之论，与刘敞、王安石辈无二致也。《能改斋漫录》《困学纪闻》并谓：“庆历以前，多遵章句注疏之学，谈经者守训诂而不凿。自刘原父为《七经小传》，始异诸儒之说，而稍尚新奇。王荆公修经义，盖本于原父。”此所谓庆历以前，即宋初显学，沿于唐之旧派者也。庆历以后之显学，则本于唐之异儒，属于新派者也。文起八代之衰，而道继千四百年之绪，为一世言学之宗趣。《新唐书》《新五代史》者，即本此宗趣以重修旧史者也。

四 孙甫与司马光

纪传有书志，自荀悦作《汉纪》，约班书为编年，而书志之文，亦散存其间。唐柳芳作《唐历》四十卷，崔龟从又《续唐历》二十二卷，晁公武谓：“《唐历》不立褒贬义例，而叙制度为详。景迂生亟称之，以为《通鉴》多取焉。”自荀氏以来，编年之书，未有不备制度者也。《唐会要》言：“姚思廉（应从《史略》作姚康复）撰《通史》（应从《史略》作《统史》）三百卷上之，自开辟至隋末编年，纂帝王美政善事诏令，可利于时者必载，于时政、盐铁、管榷、和籴、赈贷、钱陌、兵数虚实、贮粮、用兵利害、边事戎狄，无不备载，下至释道烧炼，妄求无验，皆叙之矣。”此编年通史自姚氏始，萧氏《通典》，书或未成，成之自康复。于朝章政典，亦详著之。制度、褒贬二者，唐以来皆并举不遗。至孙甫为《唐史记》而事又殊，其论编年、纪传二体得失，亦颇有远过唐人者。兹取其说而论之，以见史学于此之又一变。

孙甫《唐史记序》曰：

> 古之史，《尚书》《春秋》是也。《尚书》记治世之事，作教之书也。《春秋》记乱世之事，立法之书也。至司马迁修《史记》，破编年体，创为纪传，盖务便于记事也。记事便则所取博，故奇异细碎之事皆载焉。于治乱之本，劝戒之道，杂乱而不明。有识者短之，谓纪传所记，一事分为数处，前后屡出。殊不知又有失之大者。夫史之记事，莫大乎治乱，君令于上，臣行于下，臣谋于前，君纳于后，事臧则成、否则败，此当谨记之某年。君臣有谋议，将相有功勋，与其众行细事，杂载于传中，其体便乎？复有过差邪恶之事，以召危乱，不于当年书之，以为深戒，岂非失之大者？甫常有志于史，因《唐书》多失体法，怪异猥俗，无所不有。治乱之迹，散于纪传中，杂而不显，不足以明一代盛衰之由。遂据《唐实录》与《唐书》，兼采诸家著录，修为《唐史记》。旧史之文繁者删之，失去就者改之，意不足而有他证者补之，事之不要者去之，要而违失者增之，是非不明者正之。用编年之体，所以次序君臣之事。所书之法，虽宗二经文意，其体略与实录相类。以唐之一代，有治有乱，

> 不可全法《尚书》《春秋》之体，又不敢僭作经之名。或曰：子之修是书，不为书志，则郊庙、礼乐、律历、灾祥之事，官职、刑法、食货、州郡之制，得无遗乎？答曰：郊庙而下，固国之巨典急务，但记其大要，以明法度政教之体，其备议细文，则有司之书，各有司存。为史者难乎具载也。

孙氏书在当时颇有盛誉，晁公武言："孙甫《唐史要论》，欧阳永叔、司马温公、苏子瞻称其书议论精核，以为旧史所不及。"永叔亦言："孙公甫喜言唐事，每为人说，听者晓然如目见，故学者谓晚岁读史，不如一日闻公论也。"之翰臧否二体，以治乱成败应于当年书之，此论视唐为有进。至吕伯恭说史，以为二体互有得失，谓"论一时之事，纪传不如编年，论一人之得失，编年不如纪传"。其言盖正为之翰而发，亦视唐人之说为有进也。孙氏于编年之中，而寓实录之法，则于一人之得失，亦庶可无憾耶？萧颖士、陆长源褒贬义例之旨，孙氏以"不敢僭经"而略之。柳芳、姚康复制度典礼之数，孙氏以"难乎具载"而损之。则编年之史，不可谓非至孙氏而一变。《资治通鉴》之作，编年通史，为沿之萧颖士、姚康复，遗褒贬，削制度，是则仿于孙氏者也。此司马之书，与欧公分流，而各有所导源者也。

《群书考索》称温公尝谓刘恕曰："《史记》至

《五代史》，千五百卷，诸生毕世不能举其大略。予欲因丘明编年之体，仿简要之文，网罗众说，成一家书。”《资治通鉴》未作之先，学者盖多习高峻《小史》，自司马书行，而高书遂废。虽曰温公以“文章议论，成历世大典”，而简要之谓，亦其旨焉。高似孙《史略》谓荀悦《汉纪》：“此书专为正史繁博而作，辞约则事必省，事省则史必精。编年之作，难乎其详且细矣。王通氏曰：荀悦史乎！是盖知悦者也。而杜预尤为善言史者，有谓史之旧章，从而修之，故曰约史记而修《春秋》。殆此意欤？”“辞约则史精”，斯盖于论为至美。取去严而后意拗显，此之谓笔削，奚必褒贬而后为笔削哉？高似孙言：“司马公《通鉴》，人但以为取诸正史。予尝穷极《通鉴》用功处，固有用史，用志传，或用他书，萃成一段者。则其为功切矣，其所采取亦博矣。乃以其所用之书，随事归之于下，七年而后成。《通鉴》中所援引者，二百二十余家。”此足以见温公搜求之广。司马公休曰：“此书成，盖得人焉。《史记》、前后汉，则刘贡父。三国历九朝而隋，则刘道原。唐迄五代，则范纯仁。”此见为之助者亦众，况又历时久然后成书。其足以为宋代以来地位特高之作，至今不废者，非偶然也。纯仁既佐温公成《通鉴》，又别作《唐鉴》，自成一家之言。蔡绦谓：“祖禹子温游相国寺，诸贵珰见之，皆指目曰‘此唐鉴公之子’。盖不知祖禹为谁，独习闻有《唐鉴》也。”是其书于时亦最有高名。朱晦庵言：“《唐鉴》有缓而不精确处，如言租庸调及杨炎二税之法，只云在于得人，不在乎法。是见熙宁间详于制度，故有激而言。”然温公之书，每訾短变法、毁斥用兵之类，盖亦以激于熙宁间事，翻为全璧之瑕，正不少也。韩仲止尝言：“《唐论》有才术，《唐鉴》有学术，之翰史才也，淳夫则学者耳。”朱子亦曰：“《唐鉴》有疏处。孙之翰《唐论》精细，说利害如身亲历。但理不及《唐鉴》耳。”而吕伯恭晚年则谓：“《唐论》胜《唐鉴》。”诸家衡孙、范二氏书，得失若不同，自源各人学术之异。亦可见由孙而范，学术之已转变。至胡寅《读史管见》，而议益窳矣。陈振孙言：“胡寅以《通鉴》事备而义少，故为此书，议论宏伟严正。”朱子曰：“致堂《管见》，方是议论，《唐鉴》议论弱。”盖之翰为史家，谆甫为儒者，致堂则道学。埋道之旨，三变而言益隘。议史不同，亦正由言学之日益殊也。

温公《与范内翰论修书帖》曰：

> 梦得今来所作丛目，方是将《实录》事目标出。其《实录》中事，应移在前后者，必已注于逐事下讫。自《旧唐书》以下，俱未曾附注，如何遽可作长编也。请将新、旧《唐书》纪志传，及统纪补录，并诸家传记小说，以至诸人

文集，稍干时事者，皆须依年月日添附。但稍与其事相涉者即注之，过多不害。其修长编时，请据事目下所据新旧纪志传，及杂史小说文集，尽检出一阅。其中事同文异者，则请择一明白详备者录之。彼此互有详略，则请左右采获，错综铨次，自用文辞修正之。一如《左氏》叙事之体。此并作大字写。若彼此年月事迹有相违戾不同者，则请选择一证据分明、情理近于得实者，修入正文，余者注于其下。仍为叙述所以取此舍彼之意。大抵长编宁失于繁，毋失于略。

此温公告淳夫修长编法也。李巽岩云："温公与范太史议修《唐纪》，云已及百卷，既卒为八十卷，删削之功盛矣。"温公《与宋次道书》曰："唐文字多，托范梦得将诸书依年月编次为草卷，每四丈截为一卷，今已二百余卷，至大历末年耳。而后卷数又须倍此。共计不减六七百卷。又须细删，所存不过数十卷而已。"长编之法，今昔所推，所以搜罗放佚，考正异同，其事之巨且伟也。其后眉山李焘仁甫撰《续通鉴长编》，其《进书表》言：

司马光之作《资治通鉴》，先使其寮采摭异闻，以年月日为丛目。丛目既成，乃修长编。唐三百年，范祖禹实掌之。今臣纂集义例，悉用光所创立。错综铨次，皆有依凭。顾臣此书，讵可便谓《续资治通鉴》，姑谓《续资治通鉴长编》可也。旁采异闻，补实录、正史之阙略。参求真是，破巧说伪辨之纷纭。

于是长编之法，自范氏而至李氏，绪衍蜀中。叶水心曰：

> 李氏《续通鉴》，《春秋》之后，才有此书。自史法坏，谱牒绝，百家异传，与《诗》《书》《春秋》并行。而汉至五季事，多在记后。史官常狼狈收拾，仅能成篇。呜呼！其何以信天下也？《通鉴》由千有余岁之后，追战国秦汉之前则远矣。疑词误说，流于人心久矣。方将钩索质验，贯殊析同，力诚劳而势难一矣。及公据兴复之会，乘岁月之存，断自本朝。凡《实录》《正史》，官府文书，无不是正就一律也。而又家录野记，旁互参审，毫发不使遁逸。邪正心迹，随卷较然。夫孔子之所以正时日月，必取于《春秋》者，近而其书具也。今惟《续通鉴》为然尔。故余谓《春秋》之后，才有此书，信之所聚也。虽然，公终不敢自成书，第使至约出于至详，至简成于至繁，以待后人而已。

夫至约之必应出于至详，而至繁之必刊为至简，水心之论，可谓彻始彻终，其推挹巽岩者至矣。于是井研李心传微之又作《建炎以来系年要录》，以与巽岩《长编》相续。其《朝野杂记》《旧闻证误》，一皆仁甫法也。范氏之绪，而二李广之。编年之体，至是由约而即于繁。于是眉州王偁作《东都事略》，亦一名著，纪传之体，至王氏又由至繁而出于简。二体辉映，其为变亦奇也。

六　新学、洛学、蜀学与史学

宋兴百年之间，仁宗之际，旧派之学始废，而新派遂盛。于是新派中又各分道扬旌，而王荆公、三苏、二程为之魁，各以学召后进。熙丰变法，王学独行，其学遂专新学之名。程为洛学，苏为蜀学，鼎立以相抗。元祐更化，荆公之徒失势，而洛党、蜀党、朔党之争起。朔党者，其人亦大率孙、石之徒，守新派之学，无所创树，而又不入于洛、蜀者也。故论北宋之学，必以此三家为巨擘。虽不能尽括一代，而其余竟为枝孽也。荆公期君为尧舜之君，民为尧舜之民，陋汉唐而追踪三代，自无所事史学。且置《春秋》不以取士，而诋之曰“断烂朝报”。元符中，薛昂乞罢史学。徽宗时，王学益重，昂为司成，士人程文有用《史记》、两《汉》语者辄黜落。《能改斋漫录》言：“崇宁以来，专用王氏之学，非《三经》《字说》不用。至政和之初，蔡嶷、慕容彦逢、宇文粹中奏：欲时务策中参以汉唐历代事实为问，奏可。未几，李彦章奏：秦汉隋唐之事，流俗之学。今近臣进论，不陈尧舜之道，而建汉唐之陋。不使士专经，而使省流俗之学。”荆公虽主持变法，及其徒而后制度之学渐兴。然于汉唐之近迹，终以卑卑不足道。盖法汉唐则祖宗之政不得改，无以持异己者之口。故排史学若此其深也。程氏伯仲之学，直承孔子千五百年之传，义利之辨明，而得失之故疏，其卑视汉唐，与王氏等。谢显道观《汉书》，伊川曰："贤可谓玩物丧志。"于《春秋传自序》曰："夫子作《春秋》，为百王不易之大法，斯道也，惟颜子尝闻之。曰行夏之时，乘殷之辂，服周之冕，乐则韶舞，此其准的也。后世以史视《春秋》，谓褒善贬恶而已，至于经世之大法则不知也。"是孙复辈之说，至斯而一变也。朱晦庵承程氏之传，其云："看史者只是看人相打，有甚好处。"又云："《春秋》只是直载当时之事，要见当时治乱兴衰，非是于一字上定褒贬。"皆意符程氏。晦翁作《名臣言行录》及《通鉴纲目》，或亦染于南渡史学之盛而作，而稍变程氏之旨。《纲目》实法《春秋》之褒贬，盖取欧公、尹洙理道之说，以挽浙东功利之偏。刘鉴泉氏谓《言行录》"剪裁传状，次第始终，遗行讥论，则列于后。一事两书，则作夹注。或以考异，或为附详。体例精密，盖将以补正史。……具载各派议论，足以参互考求。实论世之要籍，正其所以为朱子之书"。夫言史而局于得失之故，不知考于义理之原，则习于近迹，而无以拔生人于清正理想之域，固将不免于丧志之惧。然苟持枵大无实之论，惟知以绳墨苛察为击断，是亦曲士庸人之陋，则又乌可以语至治之事哉？晦翁而后，浙东文献之传，与道学合流为一家。是盖以晦翁之气刚而度伟，固足以摄群伦而含万流，有以致之也。

北宋三家，惟苏氏能不废史学。二苏自述家学，皆谓以古今成败得失为议论之要。故所作史论，固多明烛情状之言。明允谓：“史之难其人久矣。魏晋宋齐梁陈间，观其文章，则亦固当然也。所可怪者，唐三百年文章，非三代两汉为敌。史之才宜有如丘明、迁、固辈，而卒无一人可与范晔、陈寿比肩，吁其难而然哉。夫知其难，故思之深，思之深，故有得，因作《史论》。”兹录其文而论之。《史论》曰：

> 史何为而作乎？其有忧也。……仲尼之志大，故其忧愈大，是以因史修经，卒之论其效，必曰乱臣贼子惧。由是知史与经，皆忧小人而作，其义一也。其义一，其体二：故曰史焉，曰经焉。大凡文之用四：事以实之，词以章之，道以通之，法以检之。此经、史所兼而有之者也。虽然，经以道法胜，史以事词胜，经不得史，无以证其褒贬，史不得经，无以酌其轻重。经非一代之实录，史非万世之常法，体不相沿而用实相资焉。夫《易》《礼》《乐》《诗》《书》，言圣人之道与法详矣，然弗验之行事，仲尼惧后世以是为圣人之私言，故因赴告策书以修《春秋》，旌善而惩恶，此经之道也。犹惧后世以为己为臆断，故本《周礼》以为凡，此经

之法也。至于事则举其略，词则务于简，吾故曰经以道法胜。史则不然，事既曲详，词亦夸耀，所谓褒贬论赞之外无几，吾故曰史以事词胜。使后人不知史而观经，则所褒莫见其善状，所贬弗闻其恶实，吾故曰经不得史无以证其褒贬。使后人不通经而专史，则称谓不知所法，惩劝不知所祖，吾故曰史不得经无以酌轻重。经或从伪赴而书，或隐讳而不书，若此者众，皆适于教而已，吾故曰经非一代之实录。史之一纪、一世家、一传，其间美恶得失固不可以一二数，则其论赞数十百言之中，安能事为之褒贬，使天下之人动有所法如《春秋》哉？吾故曰史非万世之常法。夫规矩准绳所以制器，器所待而正者也，然而不得器则规无所效其圆，矩无所用其方，准无所施其平，绳无所措其直，史待经而正，不得史则经晦，吾故曰体不相沿而用实相资焉。噫，一规一矩一准一绳足以制万器，后之人其务晞迁、固实录可也。慎无若王通、陆长源辈嚣嚣然冗且僭，则善矣。

明允之论，归于劝惩，斯固宋以来之恒言。至其示后人以务希迁、固实录，而无若王通、陆长源，则以鉴于中唐以迄欧公、尹洙之伦，专法褒贬义例，是明允于一时为绝识，故推明经史之体不相沿而用相资。上来史家，混并经史为一途，盖其蔽固已久也。自啖、赵以来，言《春秋》者皆左祖《公》《穀》，不取《左氏》，亦至子由而反之，其旨固本之明允，亦一代之绝识也。其《春秋集传·自序》曰：“余少治《春秋》，时人多师孙明复，谓孔子作《春秋》，略尽一时之事，不复信史，故尽弃三传，无所复取。余以为左丘明鲁史也，孔子本所据依以作《春秋》，故事必以左丘明为本。丘明授经仲尼，躬览载籍。学者原始要终，究其所穷，斯得之矣。至孔子之所与夺，丘明容有不尽，故当参以公、穀、啖、赵诸人。”孙、石之论，盖至是而一变，亦以蜀学重史，故于经亦异于恒流也。子由又作《古史》，朱晦庵曰：“近世之言史者，惟此书为近理。论司马迁以为浅近而不学，疏略而轻信，亦中其病。秦汉以来，史册之言近理而可观者，莫如此书。”苏氏延北宋一线史学之传，俾蜀之史著，风起云蔚，其为教亦宏矣。曾子固、刘贡父、原父亦颇致力于史，然于两汉六朝，皆校勘之功多，而罕所论列。刘鉴泉氏谓：“北宋之古学者，二刘、王、曾为魁。然古学者多能见其大，然多高而不通。如原父之以全道横论百工（《百工说》），介甫之以时中纵论三圣（《三圣人》），与子固之论一与变（《战国策序目》），皆通识也。实斋之通，实本于此。”是数子者，亦一时之俊也。

七　南渡女婺史学之源流与三派

南渡之学，以女婺为大宗，实集北宋三家之成，故足以抗衡朱氏。而一发枢机，系于吕氏。以北宋学脉应有其流，而南宋应有其源也。北宋之学重《春秋》而忽制度，南渡则制度几为学术之中心。考陈振孙言：“王昭禹《周礼详解》，其学皆尊王氏新说。”王与之言：“三山林氏，祖荆公与昭禹所说。”指林之奇《周礼全解》也。林氏之学出于吕氏，而成公又从林氏学。故王应麟云：“少颖说《书》，至《洛诰》而终，成公说《书》，自《洛诰》而始。则伯恭之于少颖，非泛泛也。”盖自荆公主变法师《周官》，其徒陆佃、方悫、马晞孟、陈祥道继之，为王门说《礼》四家，而制度之学稍起，魏了翁所谓方、马、陈、陆诸家，述王氏之说者也。至于林、吕而女婺经制之学以兴。盖龚原少从王安石游，笃志经学，凡永嘉先辈之学沈躬行之徒以经鸣者，渊源皆出于原。林、吕皆出于是，此女婺之学有源于王氏者，不可诬也。王淮言：“朱（晦庵）为程学，陈（龙川）为苏学。”《隐居通义》言：“灵卧吴先生曰：近时水心 家，欲合周、程、欧、苏之裂。”此女婺之学远接苏氏，又不可诬也。盖庆历而后，程、王二派皆卑视汉唐，故轻史学，北宋史学一发之传，则系于苏，故至南渡，二李、三牟上承范氏，史犹盛于蜀。史称王应麟与汤文清讲西蜀之史学、永嘉之制度是也。女婺之学偏于史，可谓远接苏氏之风乎！吕、叶、二陈皆以文名，固亦规摹苏氏，故朱子有“伯恭爱说史学”，“护苏氏尤力”之说。其先后相承脉络固若此，而后人必以女婺之学系之伊洛一派，然其为学本末，判然与伊洛不牟，彰彰可知。以女婺之学亦有本之伊洛者则可，谓纯出于伊洛则不可。黄溍曰：“婺之学，有三家焉，陈氏先事功，唐氏尚经制，吕氏善性理，在温则王道甫尝合于陈氏，而其言无传，陈君举为说皆与唐氏合，叶正则若与吕氏同所出。”袁桷曰：“女婺史学之盛，有三家焉：东莱之学，据经以考异同，而书事之法，得之于夫子义例。以褒贬而言者，非夫子旨矣。龙川陈同甫急于当时之利害，召人心，感上意，激顽警媮，深以为世道标准。说斋唐与政搜辑精要，纲挈领正，俾君臣得以有考，礼乐天人图书之会粹，力返于古。”盖女婺之学，萃洛、蜀、新学三家于一途。吕氏尚性理，则本于程者为多。唐氏尚经制，则本于王者为多。陈氏先事功，则本于苏者为多。既合三而为一，复别一而为三，衡学术流别，斯又未可置而不论也。明时俗学、类书一派，多本之陈君举，故《四库类目》于吕、唐典制之作，悉收入类书；而策论一派，导源苏氏；言纲目义例一派，源于洛闽。末流之弊，可胜言哉！王祎曰：

> 圣人之经，儒者之传，诸子百家之著述，历代太史之记录，以及天文、地理、律历、兵谋、术数、字学、族谱之杂出，皆学者所当读而通之者也。虽然，学问无穷，诚有不能遍观而尽识者。惟圣人之经，则弗可以莫之究也。先王之

> 道，所以立天下之大本，先王之制，所以成天下之大业，皆于是乎在。乃焚于秦，谶纬于汉，愈传而愈失。时异事易，愈变而愈非。宋河南程子、关中张子者出，始克实践精讨。而圣贤明德之要，帝王经世之规，所以垂宪后世者，乃大有所发明。其后朱文公、张宣公、吕成公，一时并兴，即当其时，如永嘉薛氏、郑氏、陈氏、叶氏，闽中林氏，永康陈氏，后先迭出，各以所学自成一家。大抵均以先王之道为己任，以先王之制为必行。

苏天爵言："南渡之初，一二大贤，既以其学，作新其徒。吕成公在婺，学者亦盛。同时有声者，有薛（季宣）、郑（景望）之深淳，陈（傅良）、蔡（幼学）之富赡，叶正则之好奇，陈同甫之尚气，亦各自名家，以表现于世。其为文也，本诸圣贤之经，考求汉唐之史，凡天文、地理、井田、兵制，郊庙之礼乐，朝廷之官仪，下至族姓方技，莫不稽其沿袭，究其异同。"女婺学派之宗旨，与其人之盛，于此可概见之也。及其流之既远，为金华文献之传，与朱学合而为一，入明犹盛，于别章详之。

八　义理派史学

女婺言史者三家，东莱、二陈为最早，而吕氏所系尤重。宋濂言："东莱以中原文献之传，倡明道学于婺，丽泽之益，迩沾远被。龙川既居同郡，又东莱之从表弟。虽其志在事功，不能挈而使之同，反复磨切之，其议论或至夜分，要不为不至也。止斋留心于古人经制、三代治法，虽出于常州者为多，至于宋之文献相承，所以垂世而立国者，亦东莱亹亹为言之，而学始大备。"是二陈亦有本于吕氏者也。东莱《史说》举列子曰："人之所游，观其所见；我之所游，观其所变。"云："此可取以为观史之法。大抵看史，见治则以为治，见乱则以为乱，见一事则止知一事，何取观史？当如身在其中，见事之利害，时之祸患，必掩卷自思，使我遇此，当作如何。如此观史，学问亦可进，知识亦可高。"东莱作《大事记》，起春秋，迄五代，又作《通释》及《解题》。王子充言："东莱躬任斯道之传，而于史学尤长，用古策书遗法作《大事记》，朱文公盖深服之，谓自有史策以来，无如此书之奇者。东莱自谓书法视太史公所录。子长年表，盖古策书遗法。"又谓："《大事记》者，列其事之目而已。熟乎《通释》之所载，则其统纪可考也。《解题》为始学者设，所载皆当知。非事博杂、治新奇，出于人之所不知也。"《解题》《通释》中，皆引古议论以明事之情状。于六国之灭，引《汉书·地理志》。于诸子引《庄子·天下篇》及司马谈《论六家要旨》。于周亡引《六代论》。于秦始令男子书年，引《中论·民数篇》。于景帝令诸侯王得治国，引《贾谊书》。如《诗序》《书序》《孟子》《太史公自序》、刘向《战国策序》之类皆取之。以观子者观史，而察其世变。其制奇，其识远矣。东莱又作《历代制度详说》，《文献通考》所征东莱之说，悉出此编。彭飞言：

> 世之学者，歧道学政事为两途，紫阳浙东功利之论，永嘉诸子，未免致疵议焉。东莱先生以中原文献之旧，岿然为渡江后大宗。尤潜心于史学，似欲含紫阳、永嘉而一之。所著《制度详说》，于古今沿革之制，世道变通之宜，贯穿折衷，首尾备见。切于民生实用，有不容阙者。使读者穷经以立其本，涉史以观其变，研究事理以观其会通。

《建炎以来朝野杂记》言：

> 《文鉴》者，吕祖谦编。临安书坊有《圣宋文海》，孝宗得之，（以）去取差谬，命伯恭校正。编类凡六十一门，为百五十卷。书进，有云所载臣僚奏议有诋及祖宗者，不可示后。

许浩《复斋日记》言：

> 东莱《文鉴》成，有奏《文鉴》多用田野疾苦之事，是借旧以刺今，所载奏疏，多指祖宗过举，尤为非宜。板行之

议遂寝。

《书录解题》言：

朱晦庵晚年尝谓学者曰：此书编次，篇篇有意。每卷首必取一大文字。所载奏议，亦系一时政治大节。祖宗二百年规模，与后来中变之意，尽在于此。

叶水心言：

自古类书，未有善于此。上世以道为治，而文出于其中。战国至秦，道统放灭，后世可论惟汉唐，见于文者，往往讹杂乖戾。类次者复不能归一，荡流不反。此书刊落浩穰，百存一二。苟其义无所考，虽甚文不录；或于事有所该，虽稍质不废。巨家鸿笔，以浮浅受黜；稀名短句，以幽远见收。合而论之，大抵欲约一代治体，归之于道，不以区区虚文为主。然则所谓庄周、相如为文章宗者，司马迁、韩愈之过也。

又曰：

此书二千五百余篇，纲条大者十数，义类百数，其因文示义，不徒以文，所谓必约而归于正，千余数。盖一代之统纪略具焉。后有欲明吕氏之学者，宜于此求之矣。

斯《文鉴》者，不啻挈纲示义，言北宋一代之良史也。东莱复删撮旧史，始《史记》迄五代，为《十七史详节》二百七十三卷，虽鲜所考论（惟《新唐书》子注精审），然持视温公之书，其为裁繁就简则同；而表志杂传之属，足以横观一代之全面者，温公恒削之，东莱必存之，其视史学之范围，一狭一广，乃大不同，亦足觇北宋、南宋言史学之殊也。若东莱之评《左氏》《史记》，意亦殊于北宋。其言曰："《左氏传》综理微密，后之为史者鲜能及之。"又曰："《左氏》一书，接三代之末流，五经之余波，苟尽心于此，则有不尽之用。"此与中唐以来，取二传而斥《左氏》者殊也。又其言："太史公之书法，岂拘儒曲士所能通其说乎？其旨意之深远，寄兴之悠久，微而显，绝而续，正而变，文见于此而义起于彼，有若鱼龙之变化，不可得而踪迹者也。可不参考互观，以究其大旨之所归乎？"中唐迄于北宋，崇编年，绌马迁，吕氏衡编年纪传互有得失，其论既高于前哲，故此之陈义，亦不能同于旧说也。

上吕祖谦，字伯恭，号东莱

水心同于东莱，称治史而究乎义理之源。然水心于伊洛多微辞，则于东莱究异致。孙子宏序《习学记言》曰：

> 先生之书，能稽合乎孔氏之本统。前世帝王之典籍赖以存，开物成务之伦纪赖以著。《易·彖》《象》仲尼亲笔也，《十翼》则讹矣。《诗》《书》义理所聚也，《中庸》《大学》则后矣。以孟轲能嗣孔子，未为过也；舍孔子而宗孟轲，则于本统离矣。

此最足以见水心之旨。是则绝异于伊洛与东莱者也。惟水心于史，恒多独造之言，远乎迂阔之习。《水心别集》之论《周官》曰：

> 先王之治，不见于后世。儒者感愤太息，思有以易之，则皆求之于经，然而犹未能自信者，以其说之未具也。《周礼》六卿之书，言周公之为周，其于建国、设官、井田、兵法、兴利防患，器机工巧之术咸在。凡成康之盛，其本末可言也。于是儒者莫不为欣然自喜，以为可以必行而无疑矣。……孔子之于经也，微见先王之意，而不尽其所以为之之说。其告门人弟子问政事者详矣，若曰修身以应变，酌古以御今，然后其继周者百世可知也。奈何取其说之具者，而徒加之后世哉？又有甚不可者。古之治天下，必辨其内外大小之序，而后施其繁简详略之宜。三代之时，自汉淮以南，皆弃而不有，方天下为五千里。为王之自治者，千里而已。其外大小之国千余，皆得以自治。其正朔所颁，礼乐征伐，自天子出。朝会贡赋，贤能之士，入于王都，此其大者也。而其生杀废置，犹不能为

小者，天子皆不预焉。而天子之治，亦断然如一国，不能如秦汉之数郡。其为地狭，其为民寡，而治之者众。故其米盐靡密，无所不尽。今也包夷貊之外以为域，破天下之诸侯以为郡县。事虽毫发，一自上出，法严令具，不得摇手。臣不能久于其官而遽去，又有苟简诈伪之心焉。乃欲其米盐靡密，无所不尽，以求合于《周礼》之书，而又易其大者，将以复井田封建之旧，其论所以高而难行。夫因今之地，用今之民，以周公为之，其必有以处此矣。

下至马端临氏，亟论《周礼》为封建之制，决不可行于郡县之时，实自水心倡之，亦深达古今之变也。奈何后之人尚疑《周官》为郡县时代之书，其识出叶、马下矣。《水心别集》之论管子曰：

王政之坏，非一人之力。及其复也，亦非一人之功。几死之能生也，平日之膏粱，曾不如淖糜药石之为美也。天下之士，理经摸古，欲一举而尽复三代之治。其意非不善，其言之也遽，其为之也略，此其久而无成者也。王政之坏久矣，其始出于管仲。管仲非好变先王之法也，其势不得不变。惟其取必于民，而不取必于身，求详于法，而不求详于道。以利为实，以义为名。凡为管仲之术者，导利之端，启兵之源，而天下之乱益起。至于商鞅，破井田，立概量。李斯废封建，燔《诗》《书》。王政之坏，始于管仲，而成于鞅、斯。使后世廓然大变于三代，岂一人之力也。治变而世变，而俗成，则后世望管仲而不可及矣。若桑弘羊之于汉，直聚敛而已，此管仲、商鞅之所不忍为也。唐之衰，取民之具无不尽，则又弘羊之所不忍为者焉。然则居今之世，理经援古，欲一举而尽复三代之治者，进病者于膏粱，不知其不能食而继之以死也。因今弊政而行之，其继益久，其变益狎，将有待于后。则其复者，固非一人之功也。

此明世之变，而折遽欲返于古者之非。《水心别集》论王通，则陈义益高也。其言曰：

言仁义礼乐必归于唐虞三代，儒者之功也。言仁义礼乐至唐虞三代而止，儒者之过也。仁义礼乐者，三才之理也，非一人之所能自为。三才未尝绝于天下，则仁义礼乐何尝一日不行于天下。后世之儒者，以为六经孔氏之私书，仁义礼乐者，唐虞三代所独有。竭终身之力而不能至也，何暇及于当世之治乱乎？徇其名而执其迹，故独治唐虞三代之遗文，以折当世，举当世之不合固矣。将遂尽复于数千载之上，使无一不如唐虞三代者乎？抑亦因当世之宜，举而措之而已矣。以道观世，则世无适而非道。后世之自绝于三代也，是未能以道观之者也。举三代而不遗两汉，道上古而不忽方来，仁义礼乐绳绳乎其在天下也。

叶氏直谓措今之世于至治之极，即今世之为唐虞三代，则循名执迹者之不足道也。其议史必欲简，而折迁、固昧述作之义异于吕氏，而为论则精。其言曰：

孔子之时，前世之图籍具在，诸侯史官世职，其记载博矣。观而备考之，《书》起唐虞，《诗》止于周，《春秋》著于衰周之后，尧舜以来变故悉矣。其在上世者，放弃而不录，可谓简矣，不待他书，而古今之世变，已尽见于此矣。且以世求年，以时求月，其间事之当否，人之贤不肖，政之迁革，是何所不有，安得而尽录之。夫其随世而化，则不著见于后世何伤？盖其治乱兴衰，圣贤更迭，与夫桀纣之恶，不可使之不传，而纤细烦琐，徒以殚天下之竹帛，圣人固不录也。史迁纷然记之以为奇。使迁如圣人，尽见上世之书籍，衔其博而不能穷，将如之何耶？使后世之士，溺于见闻而不能化，荡于末流而不能反，此述作之所以难，非圣人不得尽其意也。后世病史之难，以为不幸无迁、固之才，是类出迁、固下矣。

水心之衡迁、固，得失未可知，其假迁、固以斥泛然记录者之过，则论亦卓哉！韩淲《涧泉日记》曰："史法便是识治体，不可止以成败是非得失立论。盖上下千百载，见得古人底里明白，然后可载后世所不可载之事，泛然欲备，则不胜其史矣。"又曰："古人之史，非是备遗忘，务多以为美观也。经制之作，二者是大，他琐琐不足记也。"一时之论多如此，足与水心义相发。淲，字仲止，为伯恭妻弟，其言透切如此，有自来也。水心讥迂、固之驳，然其所谓简者，固非狭也。《水心别集》论《左氏》曰：

> 左氏去孔子既远，当战国之初，以其所闻于弟子之论，采国史旧文，次其本末，以示后世。……天下之治也，礼义在于中国。其乱也，礼义在于夷狄。成周之盛，夷狄之人，思与其礼义而不得者，非以为贱而不足治也，笃于治中国者，其道不可以治夷狄耳。故礼义备而中国无隙。及其衰也，舍其国而治夷狄，夫治夷狄者失中国，失中国者失礼义也。故夷狄之人，执礼义之权，以与诸夏抗，而称霸于上国，则周衰极矣。此逆顺之理也，可以知治乱之所从出矣。而《左氏》录之。王道之行，人才无智愚贤不肖，一由于正，及其变也，贤者追思古义，变色太息而言之，道微而不继，则畏慕之心止，而随世之俗成。及其久也，世远风移，而不自知也。盖其变之有渐，而废之有始，而《左氏》录之。古者国必有宗，宗各有族。国祚之短长，视公族之兴废。士农不变，工商不迁，其为士者，所以成德也，非所以求显也，而《左氏》录之。古者严祀而尊神，重时而从天，口无造言，必称先民，心无造虑，必求之蓍龟。故民资厚而易治，而《左氏》录之。古者审乎性命而定乎吉凶，忠信敬义之目，后世诵说而不能明者。古之人节之于事，皆可以指言而名举也，而《左氏》录之。古者上有常事，下有常役，贵贱相承，而不相袭。民无崛起以干大柄，推其族姓，

> 咸有本始，知其与天地并生，而不知自弃其身，《左氏》录之。古者物有定体，德有常容，忧乐有由，歌哭有所，验其祸福，不差毫发，《左氏》录之。古之人通乎道德之意，管仲相齐，子产相郑，后世贤之。而叔向、晏子不以为能也。所陈三王之上，经纪伦类，广大不穷，可以范世，《左氏》录之。古之用兵，先治胜而后战，奔乱为败，失将为灭，不多杀士，行师有法，故干戈不以斗，而犹无孙、吴之术，《左氏》录之。秦汉浅略，庶几得尧舜三代之遗言，足以自治。于其事最严，于其身最切，其载之者鲜矣，而《左氏》录之。子臧逃曹，季札避吴，其义纯洁，其言不夸，而况泰伯、夷、齐乎？而《左氏》录之。古者以礼致天下之治，春秋乱矣，然而街庭筵几之上，苟得从礼者，犹足以治之，而不至于乱也，《左氏》录之。凡《左氏》之所录，将以翼扶《春秋》，以待后世之择也。盖春秋之祸，大纲已易，而小纪未坏。大纲已易，故夷狄化为中国而不能正。小纪未坏，故三代之诸侯，其存者犹数百年。夫溯其末者，可以反其本，迹其衰者，可以见其兴。

水心之论《左氏》如此，其得失未可知，而言史贵广之意，则可见。故其言曰：“人心有广狭，则其观物有大小。”既病史迁之杂，复崇《左氏》之广，则其所谓简者，又异乎狭也。至其以《诗》观史，则于义尤高。《水心别集》于《诗》曰：

> 夏商远矣，其详不可得而言。详而可言莫如周。言周人之最详者，莫如《诗》。夫周人之治，始于艰难，而成于积累。及其天命既集，极盛而太平，至其始衰而复兴，遂微而不振。与其后世尝更涂炭之民，忧伤悲怨，思蒙其道而不可复得者，皆见其次第，虽远而不能忘者，徒以其《诗》也。四时之递至，声气之感触，动于思虑，接于耳目，无不言也。旁取广喻，比次扬抑，大关于政化，下极于鄙俚，其言无不到也。言语不通，嗜欲不齐，风俗不同，而世之先后亦大异矣。故后世言周之治为最详者，以其《诗》见之。

以《三百篇》言史，则其纤悉物情，明烛世变，斯其胜于《周官》《尚书》者又远。至其衡论诸史得失，亦迥异于文章家之俗论。如谓："《左氏》错宗万端，精粹研极，不可复加。迁欲出其上，别立新意，尽取诸书而合之，如刻偶人，神明不存。""上世载籍之法，至《太史公记》而绝，班氏《汉书》而下，学者不得不别自为法。世次、日月、地名、年号，本末纤悉，皆为古人所略，而为后世所详。然则后之人材日以沦丧，其势必然。"又谓："陈寿笔高处逼司马迁，方之班固，但少文义缘饰，要终胜固也。"又论《后汉书》谓："东观著记，所载多溢词，胡广、蔡邕父子，竟不能成书，故一代典章，终以放失。范晔类次整比，用律精深，但识见有限，为可恨耳。"其论《宋书》谓：

“迁、固相踵作志，存上古大意。于汉犹多阙略。后汉便失比次（司马彪《续志》），至约撰《宋书》粗完实。其后遂为会要矣。然备一代之故，其体亦只宜如此。”能以史家之观点衡史籍之失，水心为明。庸俗之论，皆不过袭文学士之唾余，以随声是非而已。叶氏讥世次日月，会要之体宜然。此古所谓记注之法。而叶氏所明者，则撰合之意也。

上叶适，字正则，号水心

九　经制派史学

说斋唐氏之书，以《帝王经世图谱》为最著。周必大曰：

> 去古逾远，众说日繁，才学未逮于前贤，宜其用力劳而见功微，此图谱所由作也。金华唐仲友，于书无不观，于理无不究。凡天文、地志、礼乐、刑政、阴阳、度数、兵农、王霸，皆本之经典，兼采传注，类聚群分，旁通午贯。使事时相参，形声相配，或推消长之象，或列休咎之证，而于郊庙、学校、畿疆、井野，尤致详焉。各为说附其后。始终条理，如指诸掌，积百二十有二篇。夫水之东流，惟海是归。今是书折衷于圣人，示适治之路，六经旨趣，百世轨范，皆

聚于此。

仲友撰述，此为最精。又有《诸史精义》百卷，议论每多卓绝深入，非徒为一时一事言之，而直为天下百世言也。其《汉论》曰：

创业之君在无心，中兴之君在有志。天下非一人之天下，乃天下之天下也。地非其有，而欲取之，民非其臣，而欲得之，不视为至公之物，而鳃鳃然有苟得之心，则将行不义、杀不辜，以趋一时之利，其诒谋必不永矣。故创业之君在无心。天下者非后王之天下，乃先王之天下也，基业中偾，而欲振之，土地既失，而欲复之。不断为必取之谋，乃恐恐然有狐疑之志，则将怯大敌、忘大耻，而为偷安之计，其成功必不广矣。故中兴之君在有志。昔文王有庇民之德，无君民之心，所以作周也。宣王承厉王之后，内有拨乱之志，所以中兴也。二王之用心，可谓各极其至矣。继周之君，独汉为盛，高祖之创业，其近于无心乎？光武之中兴，其出于有志乎？高祖崛起于逐鹿之时，独能仗大义，除残贼，以脱生灵涂炭之苦，其无心固明矣。然犹见于属任之际。光武以南阳宗室，切齿于新莽之祸，是故结豪杰，定计谋，以图拨乱反正之功，其有志亦久矣。然尤见于应敌之时。惟无心，故豁达大度，足以得天下而建无穷之基；惟有志，故庙谟雄断，足以继大业而振中微之绪。四百年之传祚，二君之力也。

至若论晋之不复振，由于武帝纪纲之渐弛，非建业之地不足以有为。唐之太平，由于太宗之能立法度，后世犹借以中偾而复兴。为说似邻于腐儒之谈，及详案之，而实深切一代之情势。其《孟子发题》曰：

> 说者讥孟子言汤武，异乎孔子宗周之意。是岂知圣人之时世哉？周衰而欲兴之，本心也，周不能而望鲁，而望齐晋，虽吴楚不绝也。天下乃天下之天下，岂一人之天下。七国而涂炭其民，非有如汤武者，尚有倒载干戈之期耶？孟子不忍斯民之祸而言也。彼迂儒之言，何足病哉？

仲友之义，诚千载发聋振聩之言也。仲友之论荀卿曰：

> 孟轲、荀卿，其立言指事，专以明王道，绌霸功。以吾观之，孟子而用，必为王者之佐。荀卿而用，不过霸者之佐。王霸之道，起于用心诚与不诚，汤、武、威（桓）、文，由此分也。荀卿之书，若尊王而贱霸矣。卿之言性，曰人性恶，其善者伪也。夫善之可以伪为，则仁义礼智何适而非伪，何适而非霸者之心？或曰卿之书言诚多矣，若曰君子养心莫善于诚，曰子以诚为自外至耶，将在内耶？性者与生俱生，诚者天之道，初非二物也。既以性为恶，则诚当自外入。外入则伪，乌睹所谓诚乎？吾观乎告子，于言义则以为外，荀卿之书，其化性起伪，吾有似乎戕贼杞柳之说。然则

卿告子之俦也。

以性善恶为王霸所由分，洞彻于政术之源，力辟义外之论，亦足明其深达理道之本也。又斥言：“荀卿之礼，强人者也。孟子之礼，充其性者也。”又谓：“圣人因人情而制乐，（卿）独以为恶其乱而制之，则正乐乃矫揉，而淫声乃若其情乎？”论亦精至。明乎此者，庶可与言政术之崇卑，衡史迹之得失欤！其《学论》曰：

> 三代以德行道艺教民，以《诗》《书》《礼》《乐》造士。夫子教人，或可使南面，可使治赋，可使为宰，可使与宾客言，皆至诚可用之学。厥后学者异于是，精神耗于虚文，礼乐之制，军旅之事，星气、律历、河渠、地理之学，射御、卜筮、术数、技艺之家，日失其业，而天下之治功日不及古。浮伪之士，类以大学自居，实用之才，多以固陋见笑。无惑乎后之学不如古也。

其《道艺论》曰：

> 古之学兼于艺，后之学者耻于艺。礼乐不素省，书数不求精。曰彼有司存焉，德成而上，艺成而下，吾当学德行而已。是知圣人之言，未知其所以为言也。圣人不欲学者为艺之艺，而欲其为道之艺也。道散乎形器之间，无乎不在。故六艺之中，各有道焉。

说斋于性道极盛之际，以经制实用之学为天下倡，明道散乎形器之间，彻上彻下，显微无间，其说究矣，其义不可加矣。说斋与晦庵最为冰炭，说斋道器之说，固亦晦庵之说。然学而曰即洒扫应对，是精义入神则是，曰修正即为治平，则非也。局于一身之间，而曰天下之大用尽于此，将与运水搬柴莫非妙用之说何以异？夏时殷辂之不知，惟就动静语默以言用，道明而天下之务或废。唐宋而后，民族之日即于弱，得谓于学术无关欤？于此益见仲友之不可及，以功利抑之，则过矣。

上唐仲友，字与政，号说斋

王子充言永嘉之学：

薛士龙复自成一家。详于古今之经制。以谓自周季绝学，先王制作之源，晦而复彰。若董仲舒名田，诸葛亮治军，千余年间，端绪仅或一见。于是发愤覃思，深究体统。兴王远大之利，叔末寡陋之法，礼乐刑政损益同异之际，必审其故实，研索不遗。于经无所不合，于事无不可行。自薛氏一再传为陈君举氏，叶正则氏，戴少望氏（溪），而陈氏尤精密。讨论经史，贯穿百氏，年经月纬，昼验夜索。一事一物，咸稽于极，上下千载，珠贯而丝组之。综理当世之务，于治道可以兴滞而补弊，条画本末粲如也。此所以永嘉经制之学，要在弥纶以通变，操术精而致用远，博大宏密，封植深固，足以自名其家也。

止斋述作，以《建隆编》（亦名《开基事要》）为最著。李心传曰：“近岁吕伯恭最为知古，陈君举最为知今。伯恭亲作《大事记》，君举亲作《建隆编》，世号精密。”止斋自序曰：

本朝国书，有日历，有实录，有正史，有会要，有敕令，有御集，又有司专行指挥典故之类。三朝以上，又有宝训。而百家小说私史，与士大夫行状志铭之类，不可胜记。自李焘作《续通鉴》，记建隆尽靖康，而一代之书，萃见于此，可谓备矣。今略依司马迁年表、《大事记》、温公《稽古录》与焘《举要》，撮取其要，系以年月。其上谱将相大臣除罢，而记其政事因革于下方。夫学之为王事，非若书生务多而求博。诚能考大臣之除罢，而识君子小人进退消长之际。考政事之因革，而识取士养民治军理财之方。其后治乱成败，效出于此。斯足以成孝敬、广聪明矣。故今所节略《通鉴》，如群臣奏疏，与其他年行，与一时诰令，苟非关于治道大端，即不抄录。或见于他书，实系治体不可不闻，而《通鉴》偶遗，即据添入。《通鉴》登载有小违误，亦略著其说。若夫列圣深仁厚泽，后人尤当循守者，必为之论。深有冀于省察也。

陈振孙谓是书："盖《长编》太祖一朝节略，随事考订，并及累朝之始末。"止斋精论，备见于此。不幸原书久佚。凡《文献通考》所征东莱之文，皆本之《历代制度详说》。征水心之文，皆本之《水心别集》。征止斋之文，盖皆本之此书。其遗说尚可寻也。止斋复有《西汉史钞》。《中兴艺文志》言："其书指摘精要，裨正阙误。如制度始末因革，则条其大意，遗其烦碎。而一代之治体兴衰，人才纪纲风俗，亦略具矣。"今是书亦佚，其遗文尚多见于《十先生奥论》（《四库珍本丛书》），及《十七史名贤确论》《古论大观》（二书有明刻本）三书中。惜所撰录考订旧事，已不可知，徒存止斋评议耳。复有《历代兵制》八卷，上溯成周乡遂之法，及春秋以来汉唐兵制之得失，于宋代言之尤详。如亲卫殿禁戍守更迭，京师府畿，内外相维，发兵转饷捕盗之制，皆能撮举大旨。其《总论》谓：

> 祖宗时，兵虽少而至精。逮咸平后，增至六十万。皇祐初已一百四十一万。谓之兵而不知战，给漕挽，服工役，缮河防，供寝庙，养国马者，皆兵也。疲老而坐食。前世之兵，未有猥多如今日者。总户口岁入之数，而以百万之兵计之，无虑十户而资一厢兵，十万而给一散卒，其兵职卫士之给，又浮费数倍，何得而不大蹙。

凡永嘉言学，要皆究于政术邦典，条目井然，可起而行，非空言也。止斋深赞纪传而退编年，于宋代为独异，衡古之当情与否不必论，若曰自抒胸臆，则义自高。其《左氏国纪序》曰：

> 自荀悦、袁宏以两汉事编年为书，谓之《左氏》体，盖不知《左氏》，于是始矣。昔夫子作《春秋》，博极天下之史，诸不在拨乱世反之正之科，则不录也。左氏独有见于经，故采史记次第之，以发明圣人笔削之旨云耳，非直编年为一书也。古者事言各有史，凡朝廷号令，与其君臣相告语为一书，今《书》是已。被之弦歌，谓之乐章为一书，今《诗》是已。有司藏焉，而官府都鄙邦国习行之，为一书，今《仪礼》若《周官》之六典是已。自天子至大夫士，氏族传序为一书，若所谓《帝系》书是已。而他星卜医祝，皆各为书。至编年则必序事如《春秋》。三代而上，仅可见者《周谱》。他往往见野史《竹书》《穆天子传》之类。自夫子始以编年作经，其笔削严矣。《左氏》亦始合事言之史，与诸书之体，依经以作传，附著年月下，苟不可以发明笔削之旨，则亦不录也。后作者顾以为一家史体，谓不释经，故曰荀、袁二子为之也。

盖以古之史诚多途，孔惟依编年者以为经，左氏合诸书取足明经者以为传。传为经起，不得为独立一家之书，自不得依《左氏》以为一家史体。其论《左氏》止如此，而并《诗》《书》《周官》《周谱》以言史，则持论已宏矣。止斋之《答贾端老书》曰：

读《史记》甚善。获麟以后，孟、荀推尊孔氏，明礼义之统纪，二子死，百氏益乱真。老儒如浮丘伯、伏生之徒，抱经自□，而其力不足以发挥前绪。至汉六七十年间，董大夫始究大业。田何、孔安国、戴圣、戴德、毛苌并出，又未能合群书为一，削其不合以存其合者。太史谈有意矣，然六家之论，犹崇老抑儒。迁卒家学，乃尽□百家之精而断以六艺。盖其融液九流，萃为一编，罢黜杂论。荀卿之后，仅见此书耳。其论云：百家言黄帝，其文不雅驯，非好学深思，心知其意，固难为浅见寡闻者道。则所得多，而自负亦不薄矣。

其《答薛子长书》曰：

《南》《北》二史尽佳，然一代沿革附见表志者，往往不收，未免遗恨。则诸史要不可废。自荀、袁二纪以来，下逮司马《通鉴》，大率欲祖《左氏》。盖《左氏》本依经为传，纵横上下，旁行溢出，无非解剥经义，而非自为书。今乃合太史公纪、世、书、传，系之编年，势必至得此遗彼，类不如正史之悉也。然区区所冀，深探书外之意，且如西都之末，士大夫知有所择，遂成东都之业。及其季年，虽豪杰之士散为吴魏之役，拳拳于汉，独南阳数人，当时必有实以致之，而岂可以书尽哉？

止斋所以推史迁者极至，俦之孟、荀、董生，则其观史之意微矣。訾编年不如正史之悉，斯亦大较言之。而所谓深探书外之意，则非真积力久者，未能言也。西京之末，郡盗揭竿，必奉刘氏。东都之季，诸侯（郡守刺史）据地，而宗室益微。夫必有其必然之故，而后或然之功立。东京之中兴，必然也，光武而成大业，或然也。止斋读书之法至矣。止斋之论《周官》曰：

《周礼》设官分职，大抵朝廷之事，治官掌之。邦畿之事，教官掌之。邦国之事，司马掌之。自朝廷以上，纤悉皆归于太宰。自国中以及近郊远郊，小都大都，皆属教官。而职方、土方、撢人，凡邦国之事，皆属司马。此其大略也。其有截然一定不可易者，若司寇之属，凡朝廷之狱，大小司寇、士师掌之。六乡之狱，乡士掌之。六遂之狱，遂士掌之。甸稍县都之狱，县士掌之。邦国之狱，方士掌之。四方之狱，讶士掌之。谓其皆刑狱之事，故一皆联络而尽属之司寇。其他又有不然者。如太史、内史，宜属天官，乃属之春官。大小行人宜属春官，乃属秋官。……此其分职有不可晓者。自汉以来，凡礼事皆属太常，兵事属将军、光禄勋、中尉，刑事皆属廷尉。其分量职守，皆较然不紊，春秋时杜泄曰：吾子为司徒，实书名。夫子为司马，与工正书版。孟孙为司空，书勋。夫诸侯之国，惟三卿耳。一人受赐，三卿皆与，从周法也。后世礼官专治礼，刑官专治刑，兵官专治兵，财官专治财。

以明“六官之设，虽各所司，然错综互见，事必相关”。执后以衡前，深达古今之变与周代内外小大之异制。由史以观经，其言皆非崎岖章句者流所能道及者也。

上陈傅良，字君举，号止斋

十　事功派史学

有事功者不必有学，而知史者必知世务。龙川以雄心盛气，侈言兴复，而终不得试，固不免书生夸放之诮。然隆中之对、平边之策，苟遇际乖时，无验于事，将亦画饼之谈耶？故衡议古人，当观其立论之适可于世要，固不必贵其有验于将来。龙川《中兴五论》，何其深切一代之情也，而言史乃其绪余耳。其论开诚之道曰：

夫任人之道，非必每事疑之，而后非无隐之诚也。心知其不足任，而姑使之以充吾位。使人既久，而姑迁之以慰其心。身尊位大，而大责或不必任，职亲地密，而密议或不得闻。听其言与之以位，而不责其实。责其实，迫之以目前而不待其成。故天下懦庸委琐之人，得以自容而无嫌。

> 而狂斐妄诞之流，得以肆言无忌。中实无能，而外为欺罔，位实非称，而意辄不满。平居则何官不可为，缓急则何人不退缩。是宜当宁而叹天下人才无一之可用，而谓书生诚不足以有为，天下之士有以致之耳。虽然，何世不生才，何才不资世。天下雄伟英豪之士，未尝不延颈待用，而每视人主之心为何如。夫天下之可以爵禄诱者，皆非所谓雄伟英豪之士也。以其可以爵禄诱，奴使而婢呼之。天下固有英豪之士，惧诚心之不至而未来也。

夫孝宗固慨然以恢复为己任，卒之功无所就，宋日以微。非世之乏才，而君之无志，国之不足，而民之无勇，殆所以取才而制政者或差耳。同甫之言，曲尽一世之情，深切当时之弊。明之庄烈，清之文宗，皆是道也。虽曰为千数百载间之人言之可也。同甫每以中兴之功可跻足而须。其论宋金形势曰：

> 今东西弥亘绵数千里，如长蛇之横道。地形适等，无所参错。朝廷鉴守江之弊，大城两淮，虑非不深也，能保吾城之卒守乎？进取之道，必先东举齐，西举秦，则大河之南，长淮之北，固吾腹中物。齐秦诚天下之两臂也，奈虏能以为天设之险而固守之乎？故必有批亢捣虚、形格势禁之道。窃观天下大势，襄汉者，敌人之所缓，今日之所当有事也。控引京洛，侧睨淮蔡，包括荆楚，襟带吴蜀。沃野千里，可耕可守。诚命一重臣，镇抚荆襄，进城险要，大建屯田。襄阳

> 既为重镇，而均、随、信阳及光、黄，一切用艺祖委任边将之法，给以州兵，而更使自募，与以州赋，而纵其自用。列城相援，伺机而发。一旦狂虏玩常，来犯江淮，则荆襄之师，率诸军进讨，袭有唐邓诸州，见兵于颍蔡之间，示必截其后。因命诸州转城进筑，并桐柏山以为固，为久住之基。敌来则婴城固守，出奇制变；敌去则列城相应，首尾如一。诸军进屯光、黄、安、随、襄、郢之间，前为诸州之援，后依屯田之利。虏知吾意在京洛，则京洛、陈、许、汝、郑之备增，而东西之势分矣。东西之势分，则齐秦之间可乘矣。四川大军以待凤翔之虏，别将出祁山以截陇右，由子午以窥长安，金、房、开、达之师入武关以镇三辅，则秦地可谋矣。命山东之归正者往为内应，舟师由海道以捣其脊。彼方支吾奔走，而大军并进以捍其胸，则齐地可谋矣。吾示形于唐、邓、上蔡，而不再进。坐为东西形援，势如猿臂。彼将京洛之备愈专，而吾必得志于齐秦矣，抚定齐秦，则京洛将安往哉？就使吾未为东西之举，彼必不敢离京洛而轻犯江淮。使其合力以压唐、蔡，则淮西之师起而禁其东，金、房、开、达之师起而禁其西，变化形敌，而权始在我也。

同甫盖于当世之务知之明，故论之易矣。同甫与晦庵论王霸，主于功到成处，便是有德；事到济处，便是有理。不虚慕三代，不卑视汉唐，义尤明快，以与理义一派，反唇相诮。其往复之书曰：

自孟、荀论义利王霸，汉唐诸儒未能深明其说。伊洛诸公辨析天理人欲，而王霸义利之说于是大明。然谓三代以道治天下，汉唐以智力把持天下。而近世诸儒遂谓三代专以天理行，汉唐专以人欲行。信斯言也，千五百年之间，天地亦是架漏过时，而人心亦是牵补度日。万物何以阜蕃，而道何以常存乎？故亮以为汉唐之君，本领非不宏大开廓，故能以其国与天地并立。惟其时有转移，故其间不无渗漏。谓之杂霸者，其道故本于王也。……老庄氏思天下之乱无有已时，而归其罪于三王，而尧舜仅免耳，使若三皇五帝相与共安于无事，则安得有是纷纷乎？其思非不审。而孔子独以为不然。三皇之化不可复行，而祖述止于尧舜。而三王之礼，古今之不可易，芟夷史籍之烦辞，而后三代之文灿然大明，三王之心迹皎然不可诬矣。亮深恐儒者之视唐汉，不免如老庄之视三代，汉唐之心迹未明，故亮常有区区之意焉，而非其任耳。……高祖、太宗，本君子之射也，故其一出一入，而终归于禁暴戢乱、爱人利物而不可掩者，其本领宏大开廓故也。三章之约，非萧、曹之所能教。而定天下之乱，又岂刘文靖之所能发哉？此儒者之所谓见赤子入井之心也。其本领开廓，故其发处便可震动一世，天下大物也，不是本领宏大，如何担当开廓得去？惟是事变万状，而真易以汩没。到得失枝落叶处，其皎然者终不可诬。高祖、太宗及皇家太祖，盖天地赖以常运而不息，人纪赖以接续而不坠。而谓道之存亡，非人之所能预，则过矣。

所谓“使二千年之英雄豪杰，得近圣人之光”者，固同甫至伟至快之论也。同甫最敌视晦庵，其《送王仲德序》曰：“二十年之间，道德性命之说一兴，后生小子，读书未成句读者，已能拾其遗说，高自誉道，非议前辈。”其《送吴允成序》曰：“道德性命之说一兴，而寻常烂熟无所能解之人，自托于其间，以端悫静深为体，以徐行缓语为用，为士者耻言文章行义，而曰尽心知性；居官者耻言政事书判，而曰学道爱人。相蒙相欺，以尽废天下之实，终于百事不理而已。”可见其为学之旨也。同甫于史有《三国纪年》，其序曰：

> 书契之兴，代有注记，自当时之诸侯，国各有史，故四方之志，外史掌之。天子之言动，天下之几也。诸侯之言动，一国之几也。合诸侯之言动，亦足以观天下之变焉。有源有流，不可遗也。昔孔子适周观礼，晚而有述焉。上古之初，不可详已，著其变之大者，《易》所载十三卦圣人是也。于《书》断自唐虞，定其深切著明者为百篇。盖尝欲备三代损益之礼，之杞之宋，而典礼无复存者，于是始定《周礼》。又删取周家之《诗》，以具其兴亡，而列国之风化系焉。周室东迁而霸道兴，孔子伤其变之不可为也，举其意而寓之《春秋》，百王于是取则焉。汉兴，司马迁定论述之体为《史记》，其所存高矣，出意任情，不可法也。史氏之失其源流，自迁始矣。故自麟趾以来，千五六百年，其变何可

> 胜道。文足以发其君子小人疑似之情，治乱兴衰之迹，使来者有稽焉，愈于无史矣。岂可谓史法具于此哉？先主君臣，惓惓汉事之心，庸可没乎？魏氏之代汉也，得其几而不以其道，变之大者也。孙氏倔强江左，自为一时之雄，于是乎魏不足以正天下矣。陈寿之《志》何取焉？汉实有《纪》，其体如传，条章不为书也，诏疏不为志也，志曰《汉略》，悲其君臣之志也。魏实代汉，吾以法纪之，魏之条章法度，晋承之以有天下。于是乎有书其诏若疏也，有志其臣若子也。吴与汉同，彼是不嫌同体也，志曰《吴略》，著其自立也。合汉、魏、吴而附之，天不可无正也。魏终不足以正天下，于是为《三国纪年》终焉。

龙川是书似未成，但有序赞，读之诚如东莱所谓“大纲体制，有未晓处”。长沙桓王一赞，取葛亮称：“刘繇、王朗，各据州郡，论安言计，动引圣人，群疑满腹，众难塞胸，今岁不战，明岁不征，使孙策坐大，遂并江东。”以谓“汉末愚儒守文之弊，所以启桓王之翱翔”，寄兴诚深远也。龙川之文，以《酌古论》《四上皇帝书》为最著。于典章兴革，鲜所论列。而《中兴论》言：

> 今宜清中书之务以立大计，重六卿之权以总大纲。减进士以列选能之料，革任子以崇荐举之实。简法重令以证其源，崇礼立制以齐其俗。立纲目以节浮费，示先务以斥虚

文。严政条以核名实，惩吏奸以明赏罚。时简外郡之卒，以充禁旅之数。调度总司之赢，以佐军旅之储。置大帅以总边陲，委之专而边陲之利自兴。任文武以分边郡，付之久而边郡之守自固。来敢言以作天子之气，据形势以动中原之心。

皆切中一代弊政。则龙川之于制度得失，要为究极精详也。

上陈亮，字同甫，号龙川

黄溍言："王道甫尝合于陈氏，而其言无传。"水心并志同甫、道甫之墓，亦谓："今同甫书具，有芒彩，则既传而信矣。道甫乃独无有，是信而不传也。"知道甫之文，不传久矣。乃《魏鹤山集》（卷七十六）有《宋故藉田令王公（自中）墓志铭》，具载道甫《上孝宗皇帝》二书，其一论兵制曰：

唐初，国无供军之费，而军足以待事。百三十年之间，战胜攻取。自其法废改，天下大乱，二百余年。太祖有意更革，而当时议者未能远谋。故为今计，莫若取唐之议，推而行之。唐初，民田皆从官给，今两淮、荆襄、西蜀三边之地，田之在官者往往散为民田，朝廷务宽边民，终不敢诘。曰营田，曰力田，曰官庄，曰荒田，曰逃绝户田，此边田之在官者也。曰元请佃田，曰承佃田，曰买佃田，曰自陈赎佃田，此边田之在民者也。曰义勇，曰神劲军，曰弓弩手，曰山水砦，此边军之在民者也。州曰厢禁军，县曰弓手，镇砦曰土军，其重地皆有戍军，此边军之在官者也。有官军，有民军，有戍军之地，又皆有城池，若可以为固矣。然有城而不能守，不如无城，今戍军往来，仅同逆旅，人之多寡，不与城称。号为义勇者，又无生生之具，一旦有警，则民必先逃，而军亦不能守矣。宜以并边州郡分缓急为三等，各以精卒配之。然后以田之在民者，家出一夫为卒，得免其田税六七十亩。取其强力武艺堪充军者，而精其选。其民之田多者，听以田募客为卒。卒五人，以其主户为伍长，而免田税二百亩。十人则为什长。田愈多者，军愈众、税愈轻，而阶级又愈进。入则有主客之恩，出则有部曲之分。租课悉循其初，官无所与。而新募流民者，官更量给之。如此，则主户乐出其田募民而为卒矣。于是因民田之近于州者，三十里内皆使家于州。近于县者，二十里内皆使家于县。夫如是则军民合一。下至镇砦，亦莫不然。去州县镇砦远，则聚而居之，为之府如唐法。立都尉将校之官，为保障战守之具。相度经营，名其军曰卫府，此民田也。官田则官募军或民分屯之，悉从府卫之法，名其军曰屯府，此官田也。如此则并边之地，无一夫非卒。积以数年，屯卫军益强，官军缺者勿补，军益强，费益省。又先选天下忠良勤干之贤，不问文武，为之守令将帅，授以方略，责以事功，贤焉则久其任。于是练沿江之屯，以壮边军之心。练三卫之军，以为顺动之备。练内地州县军，以待不时之须。文武并用，军民杂居。化民为卒，化卒为民。使其声势足以相接，疏密足以相维。虏若猖狂来寇，六飞亲督侍卫之兵出临江上。气势既合，号令明信。则北方豪杰，舍二百年父母之国，将安之乎?

其三论守令曰：

自昔兴王之世，必有道同志合之士。此不可多得，得四三人，或一二人足矣。陛下必已有所属，臣不得而知也。臣徒怪所在州县，或连数城，以守令问之，民鲜不非笑。是使元元安所倚赖，风俗奚由美，奸盗奚由戢。或重用之，又将何以胜任。

自北宋中叶，国已困于养兵，而兵卒不可用。道甫欲渐复府兵之意，以纾财用，以简雄劲，亦救时之一术也。至若百郡之守、千城之令，民鲜不非笑。噫，是岂小故，而尚可以国乎？则何言之痛矣。道甫著书，有《历代年纪》《王政纪原》，皆佚。从《鹤山集》略取二疏于此，以备一家。

上王自中，字道甫，号厚轩

《中国史学史》系20世纪30年代至50年代蒙文通先生任教于各大学历史系讲授《中国史学史》课程时的讲义。基本部分完成于1938年，只第一章第八节、第二章第五节、第九节为后来补写。其中第一章第一、二节曾刊载于《重光月刊》第三、四期合刊（1938年4月），分别题为《周代学术发展之三时段》《〈尚书〉之传写与体例》，后又分别刊载于《图书集刊》第三期（1942年12月）、第四期（1943年3月），分别题为《论〈国语〉〈家语〉皆为〈春秋〉》《论〈尚书〉之传写》。第一章第二、三、四、五、六等节曾刊载于《华文月刊》第一卷第五、六期（1942年10、11月），题为《晚周史学》。第二章第一、二、三、四、六、七、八、十等节曾刊载于《国论月刊》复刊第二卷第十六、十七期合刊（1941年8月），题为《魏晋南北朝史学》。第三章第一、二、四、六、七等节曾刊载于《华文月刊》第二卷第二、三、四期（1943年7–9月），题为《宋代史学》。今以1938年讲义为基础，撮先后所作及未成章节之目录整理为一编，以存全貌。其中先后发表于民国时期各杂志的各章节，皆以发表之文参校。

国史体系

现在一般人都很重视专家，但是在这次大战中美国人已经感到只是“专”尚不足应付一切，所以要在专家修养之外，施以特种训练。现在世界学术也走向“综合”，尤其很多学者在计划甚至已着手写空前未有的巨著。

近数十年来出版这类性质的著述，如《科学大纲》《世界史纲》《新史学》，以及《新史学与社会科学》等，尤其后二者，明白指出史学与其他科学的关联，乃是以一定的哲学为基础的。根据这个观点，我们可以说中国历史是整个而有系统的，她的政治、经济、文化……都是合拍的。

说到中国历史体系，首先要说到近数十年来论中国历史者，受“历史法则”影响甚巨。实在说来，“历史法则”仅是欧洲历史的法则，并不能适用于中国历史，况且这法则仅为欧洲一部分历史家所承认。关于这问题，我曾写过几篇文章，即：（一）《儒家政治思想之发展》，（二）《秦之社会》，（三）《〈周官〉〈左传〉中所见之商业》，（四）《汉代之经济政策》。这几篇文章都是针对着这说法的。

欧洲历史发展和中国是不同的，最早是原始社会，奴隶社会；跟着是封建社会，这时封建贵族专政；等到中产阶级抬头，他们拥戴君主，打倒原来贵族阶级，即近代民族王国；此时民治思想逐渐成熟，资产阶级渐渐得势，二者结合，又造成了资本主义社会；最后无产阶级又壮大起来，建立空前未有的社会主义国家。这种历史法则，他们是以经济发展为基本因素的。至于政治、社会、文化等，均适应经济的发展而发展。这说法既然尚有一部分欧洲史家所不赞同，自然更不能拿来解释中国历史。

譬如中国封建社会的经济发展，却并非是像欧洲封建社会自足自给的经济，商业资本的发达，在他们（历史法则论者）认为是唯一腐蚀封建社会的力量。而封建社会的周代，却极为提倡工商业；但是到了君主专制的秦朝，商人阶级在法家执政下受到极大的打击，这现象正与欧洲君主专制下要靠工商业者的支持很不同。所以在春秋与战国间一百三十余年，无甚史料。即因贵族被打倒，平民阶级兴起，布衣之士可以为卿相，这便是一个大变动时期。

所以陶希圣说春秋末年民治思想已抬头，确具卓见。如《孟子》中："民为贵，社稷次之，君为轻。""天视自我民视，天听自我民听。"《吕氏春秋》及其他各书中，均有类似的记载。儒家政治思想中言民治者，已相当完备，如类似国民大会、直接选举等，均老早为古人所行过，尤其是考试制度，是不分贫富、不分阶级的，外国人说是超阶级的民主，并非过分。

汉武帝时候，更以政治力量，对工商业者加以打击，厉行节制资本。如将有关国计民生之盐铁，收为国有，甚至不许他们穿丝绸，乘车马；社会风气自然轻视工商业者。人人养成不积钱的习惯，至平均地权，政治则设置"刺史"之官，以防止土地贵族的兼并。至后汉光武帝，更下诏书八道解放奴隶，这一来无论是地主，还是资本家，都抬不起头来，奠定了社会的民主。现在美国是政治民主，苏联是经济民主，葛来斯说我们是社会民主，这一点是不错的。

马克斯说，中国历史至某一时期后，就与西洋历史分道扬镳了，这便意味着中国历史的西汉以后，便走入另一方面（道路），也就是说不能拿（西方）历史法则来解释。所以有人说汉以来二千年是过渡时期，是有相当正确性的。因为这其间社会经济都无甚变化，如生产工具中的农具，和一些手工业者的机械，都是无甚改变的。

在汉代，既非是公平的井田制，又不是《礼运》上理想中的世界大同社会，而是一种相当合乎人情的社会。贫富之间无甚悬殊，即是富有一定限度，贫也能保持一定水平。这便是“平等在两头，自由在中间”。

德史家兰普莱希谓研究历史应明白集团心理，即一时代之心理及其转变如何，以整个人类历史，分为心理自由时期和心理强制时期。这观点既不是唯心论，又不是唯物论，就是由一时代心理反映上去理解其社会发展的各方面，而不是说唯心论以心理为决定历史因素。

从这个观点来看中国历史发展，显然在春秋战国是心理自由时代，诸子并起，百家争鸣，思想派别之多，为中国历史上前所未有。至秦汉走入心理强制时期，百家绝踪，政治社会也趋于安定，人们对任何事物都失去了前人追根究底的态度，学术界都是祖述孔孟一家之言，把孔子当作教主。但是到了六朝，又是一个转变，即心理自由时代。老、庄思想复活，佛教从此大盛，人们要从儒家思想束缚中解放出来，所以有人说：“大丈夫当删《诗》《书》、定礼乐，何必寄人篱下。”“不应在六经里讨生活。”甚之者为阮籍，行为放荡，不顾礼教。及至隋、唐，又是心理强制时代，一切复归安定，儒家经典又成为人们研究的对象，注疏大兴，对已经传入之佛教，则利用为帮助统治人民工具。及至五代之时，思想又为之自由，政治、文化都陷入混乱中。到了宋代，又入于思想强制时代，因为五代纷扰时间不久，而入于宋的统一，所以这时的心理强制是很勉强的，因而她的统一也是很脆弱的。但是，不能因此忘了宋代理学是有助于宋代统一的。经过元代混乱，到了明朝，又入于心理强制时代，祖述孔孟的朱子学又大盛起来，但是明以后的清朝，从学术上看，可说是要求从宋明理学求解放。

汉、唐两代的心理强制，都是向心力强，气魄雄伟，如汉代史学家马、班，虽然不能使人完全心服，但是作品气魄雄伟，确能代表这一时代精神。他们的缺点，是他们作品《史记》《汉书》，只能算作史料，因为只是抄袭而已。说太史公创纪传体吧，实际在此以前《世本》早已创出，《史记》多抄自《世本》，其余则根据《尚书》《礼记》《国语》《左传》和《吕氏春秋》等，所以里面错误矛盾百出。至于说文章好，这倒是西汉人的特长，若以叶水心的批评，就以为《史记》不如《汉书》，《汉书》不如《三国志》，《三国志》则又不如最晚出的《后汉书》，这是史学家的观点，自然与文学家观点不同。至于说他们气魄雄伟，如太史公说："究天人之际，通古今之变。"这是前人不多见的。至于班固《汉书》，刘知几评他《古今人表》不应将汉以前的人都列上去，其实这正是他气魄雄伟之处。

又有人说《汉书》的文章太多，其实不知他所选的不仅是文章好，主要选的是以其能代表各个方面。如同吕祖谦的《宋文鉴》，实际并非一部宋代文选，而是一部好的文化史。再如许慎《说文》，开始第一字解释“一”字为：“惟初太始，道立于一，造分天地，化成万物。”这便可以看出他的气魄了；至于内容，则政治、经济、天文、地理……无所不包，每一项都可说是专门学问。譬如地理，可与应劭《地理志》相比；他注释三礼，亦不愧于郑康成。

史学真正发达时期是在六朝。我所以要举出（汉代）这几位，不过说他们气魄雄伟，心胸阔大，确能代表时代作风，真可说是“囊括四海，气吞八荒”，这一时期没有像已往那样学术思想蓬勃发展，诸子并立，却只知尊崇师法，把孔子当作教主，当作神来崇拜，就如考试卷吧，也是本着老师所讲的，不创立新说，然而这时代的政治、社会确是井井有条，版图之大，向为后人所不能忘怀的。

到了魏晋南北朝，学术界风气是绝不墨守成法，不讲师法，著述也多“集解”性质的书，先搜求各家说法，最后拿出自己意见。如为《穀梁传》作注，一面还要攻击传里错误，这一点又成为后来墨守师法的唐人笑骂，评他们像蠹虫生在木头里，反过来咬木头。由此可见一时代人作风，往往为后人所笑骂，正如今天笑前人“守旧”“落伍”……殊不知到后来心理强制时代，又要笑我们这时期人“嚣张”“浮躁”，“异端邪说”盛行。

廖季平先生说唐人书是不易读的，因为唐人著作往往包罗万象，从唐人爱作类书，就可以知道，如《艺文类聚》《北堂书钞》及《册府元龟》等。汉人讲文章，唐人也讲文章，讲“四六对仗”，汉人书法，仿照钟鼎，虽参差不齐，然而确不失庄严宏伟精神。唐人字也是一样向内拱，力量却又向外扩张，象征她的国势隆盛和向心力强。然而晋字却不行，终带有偏安的样子，就是二王的字，也有点倾斜；宋、齐、梁、陈，则显著一蹶不振的样子。北朝字又好像不能直立起来的样子。唐以后的字，是向外开展。清代的字，是没有独特的作风，画也是一样，文章只知仿唐宋八大家，所以有人骂“桐城谬种”，是不算过分的。

至于清代学术呢，只是反对宋明理学，说是汉学，其实只是考证而已。史学像赵翼《廿二史札记》、钱大昕《廿二史考异》，都不能算作史学著作。史学不是史学，经学不成经学，诸子不是诸子；一部《十三经注疏》，就是将经、史、文选混在一起，真是不伦不类饾饤之学。

考证只可以说是治学方法之一种，譬如治史要能考证，但是考证并不能算作史学著作，就如孙诒让《墨子间诂》，虽然方法甚精密，然而仍不能算作墨学。其他如二王、戴、段做学问，都很合乎治学方法，这是清代唯一可取的地方。

现在正是心理自由时代，即思想解放时代，对任何学说，不能随便轻视，应当自己加以细心研究，才能批评。以后又要进入思想强制时代，这时代将是继承宋人治学精神，清人治学方法。

附记：本文为听讲时记录，整理后，值蒙先生离潼（三台），未及就正。校刊编者来索此稿，先为发表，然已不及征求蒙先生同意，所有本稿讹误及有失讲者原来精神之处，当由记者负责。

——原载1944年12月《国立东北大学校刊》第六期，

署名蒙文通讲、黎明记

论别本《竹书纪年》

《竹书纪年》，自唐以降，《通鉴外纪》《路史》《御览》诸书多见称引。于今所见，皆明人本，与唐、宋所引者绝不同。王静安氏踵郝、朱诸氏之后，辑录群书所引《纪年》之文，以存古本之旧。复取林、雷、陈、徐之书，就今本为作疏证，以明伪作者之所本。固亦足见伪作者为一博物君子，诚非菟园浅陋者之能为也。而今本《纪年》究不远乎庸昧者之为，则今本之先必别有一本为今本所从出。虽不必即唐、宋之旧，亦决不至若今本之妄，固可知也。今本既以周纪元，而曰“秦归我焦、曲沃”，“楚败我襄陵”，我之辞谁主也？“郑宣王来朝”，“薛侯来会”，来之辞何至也？数行之间，谁主谁宾，纷错莫定，知其必据一魏晋纪元之本以改作，似无可疑。贞定七年“晋荀瑶城南梁”，注云“一本出公二十年”，则正有依晋纪元之本以参校，正所谓“一本”者也。有清之初，马骕作《绎史》，陈厚耀作《春秋战国异辞》，其中引《纪年》者最多。而皆周自宣、幽以下，以晋文侯、鄂侯、哀侯、侯缗纪元。晋自烈公、桓公以下，以梁之惠成王、今王纪元，固犹近汲冢旧书之矩范。爰辑录之。马引近三百廿事，自黄帝以来。陈引尤多，自春秋以来，二家大抵相合。初以为二氏皆博赡之儒，殆以今本与佚文杂用，旋乃见其实别有一本。陈稍后于马，常引《绎史》，其引《纪年》，颇似即据马书用之，旋乃知陈实别有所据，非取之马。马于梁之今王皆云襄王，陈则云哀王，或又注云襄王即哀王，是陈依史迁书而云然也。马引“齐人禽子之而醢其身”，陈引“子之杀太子平，不克，齐杀子之，醢其身”，马同《史记索隐》引文，陈则同于今本。马本梁惠成王十四年“鲁恭侯、宋桓侯、卫成侯、郑釐侯来朝”，而陈作“鲁哀侯”。陈引梁惠王“十七年齐田忌败梁桂陵”，又一十七年（应是二十七年）“齐田肦败梁马陵”，此二事马引无之。马引“于粤”，陈引皆作“于越”。马引晋定公“十八年晋青虹见”，陈引无“晋”字，陈引晋哀侯三年“荀人、董伯皆叛曲沃”，马引无“皆”字，陈本同今本，而马本实同《水经注》所引。此见马、陈所引同非今本，而陈实未取之于马。二氏所见，与王弇州所见者亦属近同。今通行之改订本，则无识者为之也。

马引《纪年》“惠成王六年，夏四月甲寅，徙邦于大梁”，附注云：“史注：梁惠成王九年，徙都大梁，今本在六年。”马所云史注者，《史记·魏世家》集解也。其云六年者实据《水经·渠水注》，马氏固未之考，故但据《集解》所引以疑之，则以梁惠成王纪元，实为当时之“今本”，而非改于马氏之手可知也。若尔日通行之本，则以徙邦大梁为周显王之四年也。马引《纪年》：“鄂侯五年十月，庄伯以曲沃叛，伐翼，公子万救翼，荀叔轸追之，至于家谷，翼侯焚曲沃之禾而还。翼侯伐曲沃大捷，武公请成于翼，至相而还。六年，王使虢公伐晋之曲沃。晋鄂侯卒。曲沃庄伯复伐晋，立鄂侯子光，是为哀侯。公子万救翼，荀叔轸追之至于家谷。”附注云：“《水经注》引《纪年》与坊本不同。”公子万救翼事前后两见，与尔日通行本同，知马所云“坊本”，与尔日通行本实不相远，惟通行本以鄂侯五年、六年为周桓王元年、二年。若《水经注》所引，则以翼侯焚曲沃之禾为晋庄伯十二年。以曲沃叛伐翼事，《御览》引文以为庄伯（原误作公）八年。“焚禾而还”下，《水经注》引有“作为文公”句，此马氏所谓与坊本不同者。《水经注》所引以曲沃庄伯纪元，马引本以鄂侯纪元，尔日通行本以周桓王纪元，则马所谓坊本自别一本，此其绝不相同者也。陈引“魏哀王七年楚景翠围雍氏，韩宣王卒，秦助韩共败楚屈匄”，注云“史注引此，今本不载”，此陈据《韩世家》集解所引佚文，而陈之今本无之也。陈引“晋献公元年，王如成周”，注云“即周惠王元年”；“魏惠成王十一年，东周惠公杰薨”，注云“即显王九年”；“后元八年，九鼎沦泗，役于渊”，注云“即显王四十二年”。此见晋魏纪元，为陈所见今本，不然无劳别注周年也。马氏于引《纪年》盘庚“自奄迁于北蒙曰殷”下，附注云“按《纪年》近代人伪作，固非汲冢原本，而所载殷王之名及年数，不知何据也”。马氏固不信坊本之《纪年》，故时用之而又时引古籍以辨之也。

马氏固有不引今本《纪年》而征旧籍所存《纪年》佚文用之者。如云：“晋武公元年，芮人乘京。七年，芮伯万之母芮姜逐万，万出奔魏。八年，周师、虢师围魏，取芮伯万而东之。九年，戎人逆芮伯万于郏。”附注云“《水经注》引此”，则直从《水经·河水注》所引者而用之，而自注明于下，惟删去“荀人、董伯皆叛”一句，以无关马所欲论事也。此自以曲沃纪元，非如马所用坊本以翼纪元。又如“魏襄王七年，楚景翠围雍氏。韩宣王卒。秦助韩共败楚屈匄”，附注云“史注引”。尔日通行本无此三事，或马所用坊本亦无此三事，故直从《韩世家》集解所引佚文用之。又如引《纪年》：“惠成王后元十三年，齐威王封田婴于薛。十月，齐城薛。十四年，薛子婴来朝。十五年，齐威王薨。”附注云：“《索隐》引，此与史不同。”今本无此四事，马所见本或亦无之，故直从《孟尝君列传》索隐所引《纪年》文用之，而注明于下。陈于此亦然。注又引《后汉书》“王伐条戎、奔戎，王师败绩。后二年，晋人败北戎于汾隰。戎人灭姜侯之邑。明年，王征申戎，破之”。《绎史》引《纪年》惟用之注文，此类大事，后汉正史，皆用之正文，此以《纪年》文例用之，是亦直取《水经注》以易坊本《纪年》之例。马、陈二氏引《纪年》：“晋出公十年十一月，於粤子勾践卒，是为炎执，次鹿郢立。十六年，於粤子鹿郢卒，次不寿立。敬公三年，於粤子不寿见杀，是为盲姑，次朱勾立。烈公五年，於粤灭滕。六年，於粤子伐郯。八年，於粤子朱勾卒，子翳立。桓公十三年，於粤迁于吴。十六年，於粤太子诸咎弑其君翳。十月，粤杀诸咎，立孚错枝为君。十七年，於粤大夫寺区定粤乱，立初无余，是为莽安。魏惠成王六年，於粤寺区弟思弑其君莽安，次无颛立。十年，於粤子无颛卒，是为菼蠋卯。”而《越世家》索隐引《纪年》：“晋出公十年，勾践卒，次鹿郢立，六年卒。不寿立，十年见杀。次朱勾立，三十四年灭滕，三十五年灭郯，三十七年卒。（王翳立，）翳三十四年迁于吴。三十六年七月，太子诸咎弑其君翳。十月，粤杀诸咎，粤滑吴人立孚错枝为君。明年，大夫寺区定粤乱，立无余之（是为莽安）。十二年，寺区弟思弑其君莽安，次无颛立。无颛八年薨，是为荧蠋卯。”《索隐》所言之年，以越君纪，马、陈二氏本所用之年以晋君纪，是自有一本也。以尔日所见通行本校陈、马本，以晋魏之元合周王之元，年事尚合，其差者仅一年耳。马、陈二氏引《纪年》：“齐宣公十五年，田庄子卒。明年，立田悼子。宣公四十七年，田悼子卒，次立田和。齐康公五年，田侯午生。二十二年，田侯剡立。后十年，齐田午弑其君剡及孺子喜而为公。齐威王十四年，田肦伐梁，战马陵。”此则直用《田敬仲世家》索隐所引《纪年》之文，盖田庄子、田和、田午、田剡之事，悉不见于今本《纪年》，故马、陈二氏直用《索隐》之文。益见马、陈二氏本与今本不相远。见于《越世家》索隐者，以同见于马、陈二氏所谓今本，则取今本而舍《索隐》。见于《田敬仲世家》索隐者，以马、陈二氏所谓今本无之，则直用《索隐》，此马、陈二氏之意可见者。益知晋魏纪元实为马、陈二氏之今本实然，不由马、陈二氏推算改定以晋魏纪元。至陈氏注周年于晋魏之年后，更可验其所据原非以周纪元本也。

马氏所见坊本《纪年》，与尔日通行本《纪年》，除一以晋魏纪元、一以周王纪元外，实大体相同而又小有字句之异。明人所见，实有马氏之本，而非尔日通行本者。王弇州《四部稿》曰：“《竹书纪年》云：‘后桀命扁伐岷山氏，岷山氏女于桀二人：曰琬，曰琰，桀爱之，斲其名于苕华之玉。’又曰：‘云弃其元妃于洛，曰妹喜氏，以与伊尹交，遂以亡夏。’则妹喜以弃而亡国，非以嬖而亡国也。”此全同马氏所引，但中有删节。尔日通行本作“癸命扁伐山民，山民女于桀二人”，此则从《御览》八十二所引之文也。又无“以与伊尹交，遂以亡夏”二句，别有“于倾宫饰瑶台居之”，亦依《御览》八十二所引而然也。王、马二氏所取之本，为从《御览》一百三十五所引之文，是知马氏所用之本，与后日通行本不同，实所见之本为然，非由马氏据旧籍改之，即此足以见也。马氏引《纪年》：“昭王末年，有星孛见，光五色，贯于紫微。荆人卑辞致于王，曰愿献白雉。乃密使汉滨之人，胶船以待。王遂南巡狩，将抵于汉，天大曀，雉兔皆震，丧六师于汉。时至中流，胶液船解，王及祭公辛余靡皆溺。”后世通行本作：“十九年春，有星孛于紫微，祭公、辛伯从王伐楚，天大曀，雉兔皆震，丧六师于汉，王陟。”似马氏就《纪年》有所润益。然马氏既别取《帝王世纪》《吕氏春秋》言胶船及辛余靡振王事著之篇中，安用复补之《纪年》以乱其旧。殆以马所见者实然，为剌取群书，掇拾成文，近于旧贯之本，后世通行本则就马、王所见本而删易之耳。

马氏所见《竹书纪年》为用古籍旧文，而今通行本改之，实亦据别一旧籍之文以改之者，马引“夏相元年，征畎夷”，此依《后汉书·西羌传》文也，通行本作“征淮夷”，则依《御览》所引之文。《北堂书钞》引《纪年》“后发元年，诸夷宾于王门，再保庸会于上池，诸夷入舞”，马引无“再保庸会于上池”七字，同《御览》所引，通行本盖依《书钞》补之。《通鉴外纪》引《纪年》“伊尹即位，于太甲七年，太甲潜出自桐，杀伊尹”，马本即同《外纪》所引，而通行本则依《帝王世纪》文增“大雾三日”，则乱《纪年》之文也。马引“武王年五十四陟”，此从《路史》之文，而与《逸周书》合，王氏《疏证》据通行本则作“九十四”，则依《礼记》《帝王世纪》改之也。马引“穆王西征，至于青鸟之所憩”，此从《艺文类聚》文，通行本作“青鸟所解”，则从《山海经注》也。马引“夷王三年，致诸侯，翦齐哀公昴”，此从《周本纪》正义引文也，通行本作“王致诸侯，烹齐哀公于鼎”，则从《御览》引文也。马引“共伯和干王位”，此从《索隐》引文也，通行本作“共伯和摄行天子事”，则采《鲁连子》以乱《纪年》也。马引“孝王七年冬，大雨雹，江、汉水，牛、马死”，此从《通鉴外纪》文也，通行本作“大雨雹，江、汉水”，而注曰“牛、马死，是年厉王生”，则从《御览》文也。由通行本论之，其注“不知何年，附此”，凡数见，又注“破之不知是何年”，亦注“此年未的”，明是辑者之辞，或此书之编亦谨，实有不知则阙之意，注文或众，殆刊削之后存者仅耳。“武公请成于翼，至相而还”，注“相一作桐”，作“桐”《水经注》文也。“卫及赤狄战于洞泽”，注“洞当作泂”，此杜预说也。马引仍存杜注之名，当是马所见《竹书纪年》如此，通行本但存杜说，已削杜名也。“扁帅师伐岷山”，注“一作山民”，此用《御览》引《纪年》文也。“相出居商丘，依邳侯”，注“一作同姓诸侯斟灌、斟鄩”，则用《御览》引《世纪》文也。疑《纪年》辑时，见异说多，注多存之，以当考异。马所见本与通行本同异，当并在注中，而改订《纪年》者取一为主，遂削其注也。“杼能帅禹者也，故夏后氏报焉”，“上甲微复兴，故殷人报焉”，通行本仍存沈约此注也。马氏引有宋忠云“高圉能帅稷者也，周人报之”，此可知为《纪年》旧本之注，存于马所见者，而通行本已削之也。今注中显列考异者，所征有《尚书》，有《国语》，有《韩非》，有《竹书》，有《史记》，殆二十许事，明考异之作之仅存者。马引《纪年》亦颇有考其同异者，但未易定为《纪年》旧注，抑马氏所注乎？若“祖甲返自西戎”，注“祖甲西征，得一丹山”，此用《山经注》引《纪年》文也。“芮伯万出奔魏”，注“万之母逐万”，此用《水经注》引《纪年》文也。“虢公翰立王子余臣于携”，注“是为携王，二王并立”，此用《左传疏》引

《纪年》文也。知《纪年》固有注，而存者无多，则凡通行本异于马本而各有所据者，知改《纪年》者固取之注中耳。

马、陈二氏所见《纪年》，多采自古籍旧文，而尔日通行本辄以意改之。马引“益干启位，启杀之”，此《史通》等篇所见之旧文也，而通行本无之，别云“伯益薨，祠之”，此冬烘先生以意改之也。马引“伯靡出奔有鬲”，此用《左传》文，通行本删有字。马引“少康使女艾伐过”，通行本作“世子少康”，加世子二字。马引“周王季伐西落鬼戎，俘二十翟王”，此《后汉西羌传》文，通行本作“周公季历”，则以意改之，又删“俘二十翟王”五字。马引“周人伐燕京之戎，周师大败”，“周人伐余吾之戎”，“周王季命为殷牧师”，“周人伐始呼之戎”，“周人伐翳徒之戎，捷其三大夫”，此亦依《西羌传》文。通行本于此四言“周人”，并改作“周公季历”；“周师大败”，改作“败绩”；“周王季命为殷牧师”，改“命为牧师”；“捷其三大夫”，改“获其三大夫，来献捷”。马引“纣六祀，周文王初禴于毕”。此依《通鉴前编》之文，通行本改作“六年，西伯初禴于毕”。马引“昭王末年，有星孛见，光五色，贯于紫微”，此依《路史》，通行本改作“有星孛于紫微”。马引“北唐之君来见，以一骝马，是生绿耳”，此从《穆天子传注》，通行本改作

“北唐来宾，献一骊马，是生绿耳”。马引“居郑父之丘，名之曰郑，是曰桓公”，此用《水经注》引文也，通行本竟改作“是为郑桓公”。马引“幽王死，申侯立平王于申，虢公立王子余，二王并立，余为晋文侯所杀，是为携王”，此从《左传疏》引文也，通行本作“立宜臼于申”。马引“出公奔楚，立敬公”，此从《晋世家》索隐引文，通行本改作“出公薨”。马、陈引“魏文侯初立”，此《晋世家》索隐文，通行本删“初”字。马、陈引“幽公九年，丹水出，相反击”，此从《水经注》文也，通行本作“晋丹水出反洁”。马、陈引“幽公十年，夫人秦嬴贼公于高寝之上，魏文侯立幽公子止，是为烈公”，前用《晋世家》索隐引文，通行本改“夫人”为“大夫”。后用《晋世家》文，而通行本删“是为烈公”四字，马、陈引“韩山坚贼其君哀侯，而韩若山立”，马又引是年“赵敬侯卒”，此依《索隐》文也，通行本删后二句。马、陈引“於粤子无颛卒，是为菼蠋卯”，马复引《索隐》曰“按《纪年》无颛薨后十年，楚伐徐州，无杀无彊之语，是无彊为无颛之后，《纪年》不得录也”，通行本“菼蠋卯”下增“次无疆立”四字。马、陈引“秦公孙爰帅师伐我，围皮氏”，此从《水经注》引文，通行本删“围”字。马、陈引“又命将军大夫适子戍吏皆貉服”，此从《水经注》文，通行本删“又命”二字，并改“貉”作“貂”。由此诸文观之，马、陈所见本颇存古籍之真，而通行本则改订于腐儒之手，不以晋魏纪元为可，则悉易之以周王，而不能正主人之辞，数行之间，周史魏史，纷缪错出。嫌益干启位之说则改之，嫌伊尹自立之说，则注曰“盖误以摄政为真耳”，以文王受命为得专征伐之命，改武王年五十四为九十四，直谬妄人耳。马引《纪年》“自盘庚徙殷，至纣之灭，二百七十三年，更不徙都。纣时稍大其邑，南距朝歌，北距邯郸及沙丘，皆为离宫别馆”，此《殷本纪》正义引《纪年》文也，通行本盖亦疑而削之。王静安据坊本《殷本纪》正义引作“七百七十三年”，以斥朱辑改作“二百”之非，然明嘉靖震泽王氏刻本正作“二百”，盖即马氏所本，必如此乃与同卷《集解》引《纪年》“汤灭夏以至于受二十九王，用岁四百九十六年”相合，若作“七百”则悖矣。是“二百”非由朱氏臆改，王氏偶不察耳。

通行本《纪年》，其间遗脱者盖亦不少。若晋魏之君，其即位与卒之年，本皆书之，而偶不书者，正遗脱也。如魏武侯不书卒年，而马本有之，在晋桓公十九年，以通行本所云之年计之适合，知通行本脱此条耳。《魏世家》索隐引《纪年》作“二十六年，武侯卒”，马本作“晋桓公十九年，魏武侯卒”，则据《晋世家》索隐所引《纪年》为说也。通行本之有脱文，既有确证，则马、陈本一有“韩若山立”，马有“赵敬侯卒”，马、陈“东周惠公杰薨”，马“秦内乱，杀其太后及公子雍、公子壮”诸条，皆马本、陈本所有，而通行本无之，盖其佚者已多矣。又其隶事先后，马、陈二本与通行本尤为参差。马、陈本“公子缓如邯郸以作难”，在惠成王之七年，通行本系之周烈王元年，即以《纪年》推之，则晋桓公之十五年，而魏武侯之二十二年也，马、陈本与《魏世家》索隐所引合，通行本为无据也。马、陈本“晋桓公十五年，桓公邑哀侯于郑，韩山坚贼其君哀侯，而韩若山立”，此据《晋世家》索隐文，而通行本改在周烈王之二年，则桓公之十六年也。倘据《世家》“武侯二十三年”之说，而通行本武侯不得有二十三年，而姑隶之武侯之十三年耳，则进退皆无据也。马本以“韩灭郑，哀侯入于郑”系于越迁于吴之后一年，通行本系之于越迁于吴前二年，以《韩世家》索隐引《纪年》文核之，则二本皆不实也。马、陈本以“惠成王十年，于粤子无颛卒”，则在周显王之八年，通行本则在十二年，与《越世家》索隐所引无颛八年薨之说合，马、陈本无颛才四年耳。倘马、陈本引惠成王十年本作十四年，所引十下脱四字，非马、陈本原系此年也。然二氏本并如此，知原本误耳。

杜预谓“《纪年》特记晋国，起自殇叔，次文侯、昭侯，以主曲沃庄伯”，然《御览》引《纪年》“幽王八年，立褒姒子伯服以为太子”，又引“幽王十年九月，桃杏实”，此《纪年》之有幽王纪元也。《汉书·地理志》注引臣瓒曰“郑桓公寄奴与财于虢、会之间，幽王既败二年而灭会，四年而灭虢，居于郑父之丘，是以为郑”。《水经·洧水注》引《纪年》“晋文侯二年，同惠王子多父伐郐，克之，乃居郑父之丘，名之曰郑，是曰桓公”。瓒曰文同《纪年》，是《纪年》文侯二年，即幽王既败之二年，文侯与平王当同元。傅瓒躬校竹书之人，其言盖足信也。依此按之《晋世家》“穆侯七年伐条，生太子仇，十年伐千亩有功，生少子名曰成师，二十七年穆侯卒，弟殇叔立。殇叔四年，太子仇袭殇叔而立，是为文侯”。自穆侯七年至文侯二年，计二十六年，又按之《周本纪》宣王三十九年战于千亩，与《国语》所记合，若以宣王千亩之战即晋千亩之战，则晋、条之战，应在宣王之三十六年，于《范书·西羌传》取《竹书纪年》云：“宣王立四年，使秦仲伐戎；后二十七年，王遣兵伐太原戎，不克；后五年，王伐条戎、奔戎。”伐条之年，正宣王之三十六年也。由《十二诸侯年表》言之，宣王四十六年，幽王十一年，自宣王伐条至幽王既败二年，计二十三年，则相差仅三年耳。苟以史迁言，则宣王三十九年当晋穆侯之二十三年，则周、晋千亩之战，先后相去十三年，而幽王败后二年，当晋文侯之十二年，与郦、傅之说不合。此见竹书之自相通，而其纪元定自文侯始，杜氏所云，盖晋事自殇叔始见《纪年》也。王静安氏必据杜说定《纪年》以晋纪元始自殇叔四年，以上继宣王，事未必确。诚以幽王八年、幽王十年已见《御览》所引，安见《纪年》之必不以幽王纪元也。王氏又定《纪年》以魏纪元自武侯八年始，以“当时以桓公为未成君”，然《魏世家》索隐引《纪年》有魏武侯十一年、二十一年、二十三年、二十六年，而《晋世家》索隐引《纪年》有晋桓公十五年，韩哀侯卒，是年赵敬侯卒，十九年魏武侯卒，二十年韩共侯、赵成侯、迁桓公于屯留，此则两皆出《索隐》，马本以桓公纪元，不为无据，王氏以武侯纪元，亦未必遽是也。盖唐、宋所见《纪年》已非六朝之旧，《通鉴外纪》引《纪年》夏用岁四百七十一年，商用岁四百九十六年，刘氏所见，显非夏年多殷之本，则他更无论也。《水经注》引《纪年》以曲沃庄伯、武公纪年，马本所引并以鄂侯、哀侯、晋侯缗纪元，此则别无佐验。而马本夏自后相既没，但以丙寅、乙酉、甲辰、乙巳纪年，通行本不纪年，但注干支于下。而宣、幽之际，并著晋年。曲沃与翼之年，魏文侯、武侯之年与晋烈公、桓公之年，亦并存于注，是其皆与马所见本意之不同者也。若夫以马所举本上校宋人所举之本，马本隶事与通行本隶年之合否，皆当详为考论，而非此篇之所能及也。然《纪年》之重大意义，有可略论者，不出二端。在晋之《纪年》，以时之学术方有郑玄、王肃之争，以开后之南学北学。校《竹书纪年》者，每以王说附之，凡王、郑异同，《纪年》皆同王而异郑，若为王学作根据者，此晋之《纪年》也。前此谯周作《古史考》，以郑为主，此遗说之可寻者也。后此司马彪作《古史考》以竹书为据，此彪本传有其明说也。而皇甫谧之《帝王世纪》，与夫伪孔《书传》，皆此意也。方明之正德、嘉靖以后，学以反宋为的，文必西汉、诗必盛唐者，实以反宋之见为中心。而《竹书纪年》之编，即依于此。其重大意义，在论定三代历年之干支。盖《皇极经世》等所推岁辰，明之言史者几不能外，重编《纪年》，专在反此，此明之《纪年》也。而伯益、伊尹之事，更足以破传统之儒家言，一改于腐儒之手，而意义全失，则改之者固亦有所为耶？

——原载1937年2月18日天津《大公报·图书副刊》

二顾校《华阳国志》跋

常道将《华阳国志》，以廖氏题襟馆本较善，为元和顾广圻（涧蘋）所校。顾氏精校事，有声称清嘉道间惟此编者，然校事颇有未尽。既取《后汉书》《水经注》以订讹缺，又或不悉取，亦有反误原书者，殊觉草草，未悉心力。廖寅《序》中称顾氏竭“半岁之力”刻此编，则其不逮顾校他书之精审，诚不足怪。金山顾观光（尚之）精天算舆地之学，亦为《常志》作《校勘记》，用力似视涧蘋为勤，稍觉详实，然亦未能多洽人意，固校事之难也。此编卷三《蜀志》中缺汶山、汉嘉二郡及越嶲郡首，其存者亦颇夺坏。顾氏于汶山郡“武都白马羌反，使者骆武讨平之，因”，此下据《太平寰宇记》卷七十八引《常志》补五十三字，适为此节下佚文，遂可诵读。又据刘昭《续汉·郡国志》注补等书，采辑《常志》汶山、汉嘉二郡佚文十条。越嶲郡首仅存“拜越嶲太守，迎者如云”二句，劳格《读书杂识》据

《御览》卷六十（应是二百六十二）引《常志》“张翕，字子阳”以下九十六字，适与仅存二句相接，正为此上佚文，亦遂可诵。成都志古堂覆刻廖本卷末附《常志》佚文一条，云据陶濬宣本补，乃全符劳氏所考，此皆精确无可议者。

越嶲郡“迎者如云”下“后蜀郡赵温亦著治绩”句，为顺序赵温亦曾为越嶲太守。赵温，《范书》有传，蜀郡人，字子柔。《巴志》言：“顺桓之世，板楯数反，太守蜀郡赵温恩信降服。”即此人也。《常志》卷十《蜀郡士女》亦有赵温，惟范、常两编《温传》皆未言为越嶲太守，即已著《巴志》温为巴郡太守事，亦不见《温传》。温位司徒，卒于建安十三年，祖戒、叔典、兄谦，范、常两编皆著之，世为三公，世有二千石，地高业宏，故略其为二郡太守事耳。二顾未考蜀郡赵温其人，谓“温”字当作“湍”，谓“蜀郡赵”三字当衍，皆妄人增改。此则以不狂为狂也。《范书》张翕子湍，《御览》作端，在《常志》凡三见，皆作璜，未知孰误。《范书·邛都夷传》言湍为太守，颇失夷心，则非能著绩者。知二顾欲以张湍易赵温事决不可。至顾尚之又径以《御览》述张翕事移为《巴郡士女篇》文，谓“迎者如云”三句为错简，在《蜀志》汶山郡下。翕为越嶲郡太守明见《范书》，此为越嶲郡首之文不足疑。惟《御览》引《常志》仅言为阴平郡（原讹作平阴郡），不言为越巂，但言“百姓号慕，送葬者千数”，确为在越巂郡事。《御览》引《常志》“吾将步行矣”，《书钞》七十五引作“吾将步还矣。迁越巂太守”。《御览》引文误有删削，应据《书钞》补之，不应依此疑非越巂郡篇文也。《舆地纪胜》卷一百五十八引《华阳国志》言：汉越巂太守张翁清廉在公，后句作“吾其步还京师矣”。与《书钞》《御览》文复小异，惟张翕作张翁则显为误字，以《书钞》《纪胜》补《御览》阙文，知二顾校文大失。

“故王莽遣任贵为镇戍大尹守之，自建武后数叛”条，顾校谓“以上亦宋人校刊改窜，王莽、建武不得在永平、元初后也”。《常志》于一郡治绩与种人事变，皆分别序之，非先后之谓。顾氏以为王莽、建武不应在后，此为未明《常志》体例。考《水经·若水注》载：“王莽遣任贵为领戎大尹守之，更名为集巂也。”《郦注》多用《常志》，此当亦然，是“镇戍”应为“领戎”之误，此可依《水经注》正之，二顾考未及此。惟《班书·西南夷列传》言：“粤巂蛮夷任贵亦杀太守枚根，自立为邛谷王，会莽败，汉兴，诛贵。”《范书·邛都夷传》：“王莽时，郡守枚根调邛人长贵以为军候，长贵率种人攻杀枚根，自立为邛谷王，领太守事。建武十九年，武威将军刘尚击益州，长贵欲因袭击尚，尚遂掩长贵，诛之。”《常志》所叙全与班、范书违，然《水经注》与志文合，知常文旧如此。顾校《常志》、戴校《水经》每引《史》《汉》以订二书之失，惟《常志》所据诸籍，世无一存，纵不为是，殆亦有所本，未可径改，顾、戴校书未念及此。《文选注》中亦每同《常志》而异于《史》《汉》，皆未宜轻改。此作任贵，《范书》作长贵，二顾俱不及此，是亦考之未尽者。《范书·公孙述传》："越巂任贵亦杀王莽大尹而据郡降述。"此亦与两《汉书》称太守不同。长贵、任贵，范于一书中已互异，任贵同于《班书》《常志》，而在《邛都传》中六见长贵，皆不作任，殆亦蔚宗各有所据而失于检照。孰误孰是，未足言也。

《蜀志》言："章武三年，高定元称王，恣睢。"事后又言："建兴三年。"此下应是脱去诸葛亮南征四郡及杀高定元定越巂事，本末始相接。宋人旧校云："旧本记此段舛讹，不重序，姑考事之本末，略加整顿刻之。"遂于建兴三年序马忠、张嶷讨越巂事，此大误也。《常志》七《后主传》：建兴三年为诸葛南征四郡，延熙三年为马忠率张嶷平越巂，宋人所谓舛讹、略加整顿云者，知删补移易已多，而翻为大谬。盖《常志》不能自相违戾，《陈寿志》亦与《常志》七合，事固如此，不容紊乱妄改也。《陈志·张嶷传》云：在（越巂）郡十五年，求还，乃征诣成都。是岁，延熙十七年也。知赴郡为延熙三年，确乎不移。顾校反谓：

“今按章武以下用《三国志》证之，未见舛讹，李塈所整顿，谓以上耳。”宋人已大纰缪，而谓未见舛讹，真梦呓也。《志》又云：“延熙二年，乃还旧郡（越嶲），更城郡城。”此亦不合。张嶷本传言：“在官三年，徙还故郡。”嶷之官为延熙三年，则在官三年为延熙五年，倒误若此，乃谓用《三国志》证之未见舛误。即此一叶书中，其不误者，顾谓宋人之误，明为宋人误者翻以为不误，则又安知予此篇之所谓误者为果误、予所谓不误者果不误耶？惟知言君子倘能衡之。嶷本传又言：越嶲“郡有旧道经旄牛中至成都。自旄牛绝道，已百余年”。《后书·西南夷传》：“延光二年春，旄牛夷叛，攻灵关，杀长吏。”下至延熙五年适得百二十年，至张嶷而旧道始通，此后于诸葛亮入南已十七年，谓诸葛由此道南征者妄矣。

顾涧蘋于《志》十卷杨班、罗衡俱师何初山校云：“初山当作幼正，《后汉书·杨序传》注‘何苌幼正’是也。”案《后汉书》但作杨厚，《常志》或作厚，或作序，不一。《三国志·周群传》亦作杨厚，厚兄名博。知《志》或作序者误，顾未校及。复谓《后汉书·杨序传》，慎矣。《范书·杨厚传》注亦无“何苌幼正”之文，惟《常志·广汉士女》有“何苌幼正”，不应属之《后汉书注》。又于《广汉士女·杨厚传》作“序”既不能正，于“梁冀秉权，自退授门徒三千人”，校于“退”

下云："旧空六格，当是'归家遂修黄老'六字，见《后汉书》。"但《后汉书》作"归家修黄老教"六字，以补此俄空之文，适得其宜，乃增一"遂"字，脱一"教"字，文遂不可读，亦且诬《范书》矣。虽为偶误，亦见其校事不免草草。于《志》卷四"李恢败于南中"，校谓"于"字当衍，考之《三国志》，此正述李恢被围事，若衍"于"字，则是以李恢之败为胜也，其于史实不亦谬乎！若此者多，不足缕数也。顾尚之《校勘记》视涧蘋精勤过之，但亦颇有未合。如于三卷之末附佚文四条：其一，从《御览》引"牛饮水者，昔程郑于此饮牛，江为之竭，因以为名"。校云："此条不言在何县，故不补入。"《元和郡县志》三十一卷广都县："牛饮水，在县西南。"《寰宇记》卷七十二清水："李膺《益州记》：牛饮水之末流也，水名客舍，昔程郑家于此，每群牛饮，江为之竭，故名。"此与《常志》佚文全合，知当系之广都县下。其二，从《初学记》八泸州下引《志》文"合江北有绫锦山"，校云："本书无合江县，故不补入。"考之《寰宇记》卷八十八："永川县绫锦山，山水之花木如锦。"永川属昌州，唐乾元时李鼎祚奏请割泸、普、渝等界地置昌州，旧泸州地，为汉晋江阳郡。其三，从《御览》卷四十四引《志》文"叠州合川县石镜山，其上有石，光莹皎洁，照之莫不备见形体，故谓之石镜山"。校云："本书无合川县，恐《御览》有误字，故不补入。”考之《舆地纪胜》一百五十九卷、《寰宇记》一百三十六卷合州：“石镜县，邑有青石，如镜可照，故以为名。”《御览》误合州为合川，衍叠州二字，此于汉晋为垫江县。其四，从《初学记》八眉州引《志》文“丹阳西北十五里有龙鹤山”，校云：“本书无丹阳县，故不能补。”但考之《寰宇记》七十四卷眉州丹棱县引《志》云：“丹棱县西北十五里有龙鹤山。”知丹阳为丹棱之误，可系之犍为武阳县。夫治学须矜慎，善于存疑，若此者校文考事显然有征，惟以牵于误字疑文，致不能决，或亦考索之功有未逮也。

《常志·先贤士女》，旧刻于上中下三卷仅存下卷，廖刻虽备有上、中二卷，但上卷仅有《蜀郡士女》，仍缺《巴郡士女》，考之《常志》所附《梁益宁三州先汉以来士女目录》，则名氏具在。顾尚之采《书钞》《类聚》《御览》各书所引佚文，得任文公、徐诵、谯隆、陈禅、张翕、郝伯都凡六人，此亦其优于顾涧薲者。惟《任文公传》语皆《蜀志》尚存之文，《张翕传》则《蜀志》越嶲篇文，其末后数句亦尚存。是所得仅四人耳。然今考之《舆地纪胜》卷一百六十二渠州引《华阳国志》有玄贺、冯焕、冯绲、庞雄、曲庾、冯湛、王平、赵瓒妻姬、赵万妻娥，传文各存百余言，或数十言不等。卷百五十九合州有谯君黄、龚荣、李颙，云见《华阳国志》。惟《士女目录》作龚策，而皆云垫江人，知为一人，荣或策字之误。卷一百七十五重庆府引《巴志》有谒涣然、温黄错、孟彪，此所谓《巴志》，即《华阳国志》也。卷一百八十七巴州有洛下闳，巴郡人，武帝太初元年诏公卿壶遂、司马迁等议造汉历，方士唐都、洛下闳与焉，都分部天运，而闳运转历算。卷一百八十五阆州，亦有“洛下闳，字长公，隐于上亭，武帝征待诏太史，改造太初历”。虽未言本《常志》，但文字奇古，事亦合于《汉志》，足信为《常志》之文。此卷复有谯隆、任文公、谯玄、赵瑆，此虽不言本《常志》，然于《常志》外，二谯、赵氏皆不见其名。以《常志》广汉、犍为例之，《志》文现存，其文与《纪胜》引同，但《纪胜》亦不尽言本之《常志》也。至叙任文公，《常志》以文公为文孙之弟，《范书》以为文孙之子，诸类书以文公为字，是皆有误，应以《范书》为正也。《寰宇记》徒纪名氏官勋，而略于行事。卷八十六有阆中洛下云：“闳字长公，阆中人，隐于洛亭，武帝征待诏太史，改造太初历，闳曰后八百岁此历差一日，当有圣人出定之。”上引《纪胜》卷一百八十五之文，似即本此记文而删闳曰三句，无由决其是否出于《常志》，此作洛亭，《纪胜》作上亭，殆夺洛字，又误下为上，此洛亭为夺下字耳。《史记·历书》：“方士唐都分其天部，而巴落下闳运算转历。”索隐：“姚氏案《益部耆旧传》云：闳字长公，明晓天文，隐于落下，武帝征待诏太史，于地中转浑天，改颛顼历作太初历，拜侍中，不受也。”知落下为地名，《舆地纪胜》《寰宇记》各夺一字，《耆旧传》又省亭字，落下盖阆中亭名也。《常志·陈寿传》：“寿遂卒洛下，兄子莅，字叔度，齐王辟椽，卒洛下。”洛与落同。《常志》本之陈寿，则《耆旧传》文即《常志》之文，亦可推而知也。

《寰宇通志》于州郡人物所列亦多，颇出《纪胜》《寰宇记》外，名氏多本之《华阳国志》，惜蜀中不见《方舆胜览》，未知《寰宇通志》校之祝氏书何如？余意常氏之书，二顾以后尚须再施雠校，自《水经注》《元和志》以下地书方志殆为最要，可以补其所佚、校其所存，不必限于征《常志》之文，而在考求同于《常志》之事，苟不通于一家之书，而但罗列同异之文字，力虽勤而效不宏，况又未尝致力者乎！知涧蓑后更有校本，今存上海，予日望之也。《常志》缺汶山、汉嘉二郡，以余郡例之，知实以同于《后汉·西南夷传》者为最要，亦颇有存于《水经注》者，殆同本《东观记》耳。苟取《范书》《郦注》而益以地志，以补常氏所缺，亦未必无用之作也。

——据1958年10月手稿整理

《宋略》存于《建康实录》考

几原《宋略》于六代为名著，刘子玄尤屡称之。如曰："裴子野《宋略》、王劭《齐志》，并长于叙事，无愧古人；而世人议者，皆雷同誉裴，共诋王氏。夫江左事雅，裴笔所以专工，中原迹秽，王文由其屡鄙，此美恶所以为异也。"几原之书信南北著作之冠冕也。司马光述《资治通鉴》，多见甄录，故《考异》所举，此为最详，岂非以其为书最美而存世亦最久耶！汪（文台）、汤（球）、黄（奭）、马（国翰）于六朝佚史，搜讨并勤，而裴文顾不暇及，宁非憾事。《宋略总论》一篇，李昉等收入《文苑英华》，尚存沧海之一粟。乃讹脱特多，致明以来取此篇者，恒失其句读。严可均辑《全上古三代秦汉六朝文》，其于斯篇，误文夺字，胥付阙如。良以《文苑英华》一书，于宋时已多误累，是以彭氏叔夏有《辨证》之作。自明以下，传写滋蔓，殆又甚焉。王鸣盛论许嵩《建康实录》云：

> 此书用意，亦李延寿之流亚，乃其手笔体裁，又不如延寿远甚。吴、晋用编年体，宋以下忽分纪传；吴、晋无论赞，宋以下忽用论赞；吴、晋、陈、齐末无总论，宋末忽自造《总论》一篇，约二千余字，文皆排偶。梁末袭取魏征《总论》而去其下半篇。其传率尔钞撮，纪载寥寥。如宋之刘穆之、徐羡之、傅亮、谢晦、范蔚宗、谢灵运皆无传，反有谭金、童太一，而又次序颠倒。如沈攸之反在前，沈庆之反在后，种种不合。其粗疏纰漏，不可胜摘。但千余年旧物，业已流传，未可覆瓿。且其人生于唐玄、肃间，尚见古书。如宋末详述裴子野《宋略》体例，则于宋事大约必参取《宋略》。又小字夹注中援引古书，多亡佚已久者，此则大可宝珍。

王氏所云宋末《总论》而斥为许嵩自造者，按其文即子野原作。而详述《宋略》体例者，实为裴氏之文。王氏固未尝以《文苑英华》所载者与《建康实录》相校，持论不谨，斯为大失。而严氏亦未尝以《建康实录》校《文苑英华》，故讹阙亦莫能订。顾世传许氏书，羡字夺句，视《文苑英华》殆又过之。两相参校，而裴氏原文庶乎可诵，岂非一大快事欤！

王氏精熟群史，与钱、赵齐驱，在清代未易数觏。至论《建康实录》与《宋略》之或因或变，则论有未明。若《四库提要》亦以许书“主于类叙兴废大端，编年纪事。晋以前诸臣事实，皆用实录之体，附载于薨卒条下。而宋以后复沿本史之例，各为立传，为例未免不纯。……又裴子野《宋略》，当时所称良史，沈约亦自以为不及者，今已不传。而是书于刘宋一代，全据为蓝本，并子野论赞之辞尚存什一”云云，考犹未核。盖许书于宋氏一代先后不侔，第十一、十二、十三三卷，纪孝武已上，至于武帝事皆密，为本之《裴略》。十四卷纪明帝以下已疏，为取诸《南史》也。十三卷载：大明七年，“帝曰：卿江僧安儿，居然相泣。智渊伏涕。自是诟之无度，智渊不堪其耻，退而自杀”。《通鉴考异》引《宋略》曰：“（江）智渊不堪其耻，退而自杀。’今从《宋书》”，则为“智渊益惧，竟以忧卒”。是《许录》同于《裴略》。更考此以前元嘉二十一年正月辛酉，躬耕帝籍，下诏大赦。《考异》以《宋略》为辛酉，《宋书》为己亥，《许录》亦同《宋略》（《南史》亦同《宋略》）。元凶构逆，四月壬戌，柳元景众军大破元凶等于新亭。《考异》以《宋略》为壬戌，《宋书》为癸亥，《许录》亦同《裴略》。故知十三卷以上皆取《裴略》也。十四卷以后，太始二年十二月，薛安都要引魏军，张永、沈攸之大败，于是遂失淮南北四州及豫州、淮西地。《考异》以《宋略》为三年正月，永、攸之师次彭城，虏掩其辎重，败王穆之于武原，薛安都开彭城以纳虏，王师败绩。毕捺亦举兖州归虏，遂失淮北之地。《宋书》则在去年冬，云永、攸之大败，遂失淮北四州及豫州、淮西地。《许录》《南史》于此不同《裴略》，而全用《宋书》之文。太始六年十月，立皇子赞为武陵王。《考异》以《宋本纪》作智赞，《宋略》作赞，《列传》作智随，《许录》作赞，似同《宋略》，而实从《南史》，以《南史》亦从《裴略》作赞也。后废帝以泰豫元年六月乙巳尊皇后曰皇太后，立皇后江氏。《考异》以《宋书》作乙巳，《宋略》作癸未，《许录》《南史》不同《裴略》，而从《宋书》作乙巳。元徽二年五月壬午，太尉江州刺史桂阳王休范举兵反，《考异》以《宋书》作壬子，《宋略》作壬午，《许录》用《南史》作壬午，故同《裴略》。越骑校尉张敬儿斩休范党杜黑蠡、丁文豪。《考异》以《宋书》《南齐书》作黑蠡，《宋略》作黑骡，《许录》同《南史》作黑蠡，不同《宋略》。护军典签萧恬（案茅字，此误作萧）开东府纳贼。《考异》以《宋略》为褚澄，《宋书》《南齐书》作茅恬，今《许录》作萧恬，萧是误字，《南史》作茅恬，《许录》应是茅恬，是亦同于《南史》《宋书》，不同《裴略》。六月癸卯，晋熙王燮遣军克浔阳。《考异》以《宋书》作癸卯，《宋略》作癸亥，《许录》《南史》并作癸卯，不同《裴略》。升平二年正月丁卯，沈攸之自郢州奔散。己巳，华容县人斩攸之首送之。辛未，荆州刺史张敬儿克江陵。《考异》以《宋略》云：甲辰，攸之众溃；乙巳，华容民斩其首；辛未，敬儿克江陵。许与《南史》不同《裴略》。第十四卷中，凡《南史》用《裴略》者，许亦同《裴略》，《南史》用《宋书》者，许亦同《宋书》，是知《许录》第十四卷为取《南史》也。惟十三卷以上，《建康实录》皆从《裴略》，故存子野论赞独多。十四卷以下皆从《南史》，故仅存末一论耳。宋后附传不及武帝、文帝时人，亦以前用《裴略》，故无俟附传，后用《李史》，故著徐、江以来及童、谭诸人传。前多美文逸事，后仅大纲，校之《南史》而明。《南史》实亦参取《宋略》为书，以易沈约，故《建康实录》十四卷以下，得同《裴略》者，实以《南史》之取《裴略》，《南史》异《裴略》者，《许录》亦依以异也。《建康实录》于梁末袭取魏征《总论》而去其下半者，实以《南史》取魏征文入论中，而加以剪截，许氏亦从《南史》也。其叙萧詧事亦自有故。唐自萧颖士、王绪、皇甫湜诸人论正闰，皆黜陈闰魏，以北周继后梁。一时之说如此，故许独取詧，以系梁不禅陈之意。晋、宋皆附见北事，故取《索虏传》，亦将以散入编年间耳。若首四卷之著吴事，即本之陈寿《三国志》，陶君贡南（元珍）考之已明。次六卷著晋事，即本之唐修《晋书》，亦略按两书而显。即取列传之文，依实录之体，而系于编年薨卒条下。末著梁、陈事不外《南史》，亦有从萧、姚之书润益者。惟取《南史》列传之文，尚未依实录体分系于编年下，谅为未完之稿。略一比较，事皆彰灼。

惟《宋略》存于此者三卷，以不取《沈书》《南史》，致体与前后为异，然亦即以系子野旧文之故，弥可珍重。岂以裴书最美，许氏于宋，独舍纪传而取此编年之作乎？十三卷已无子野论赞，十四卷复取《南史》，仅存《宋略》于注中，谅许氏所见裴书，已非完帙，故备论其事，以侍征《宋略》佚文者之采择，审是则知凡王氏误说，似皆由未核陈寿、李延寿诸书，遂说有乖违。《四库提要》论亦疏略。至严氏辑《全梁文》，于《建康实录》所存裴子野论十六事皆未之取，于《资治通鉴》所引裴子野论十一事，但著五事，而遗其六，则考文之难也。以王、严二家之既精且博，尚未免于挂漏，此篇所陈，当更受讥于大雅。

吾友金陵郦衡叔，曾校《建康实录》，据甘刻本以校甘氏影抄彭本、丁氏藏明依宋钞本、徐氏藏旧抄本、张海鹏翻宋本，凡四本，著录详明。兹更据明隆庆间刻本《文苑英华》中《宋略总论》，校以明抄本《文苑英华》，及梅鼎祚《梁文纪》、周应治《广广文选》、傅振商《古论玄著》、严可均《全梁文》之《宋略总论》。梅、周、傅三家所存，核其文句，并本之《文苑英华》。是《文苑英华》一系之《宋略总论》传本可考者，并严氏凡六。故兹于诸本同于明刻者，只称李诸本，其独异处乃分别著之。傅氏书所见者明刻有二本，皆在万历时，而文有不同。严氏书黄冈王氏所刻与无锡丁氏所印又各不同，皆不复分别。又以文津阁钞本《建康实录》勘之，合诸郦校，是《建康实录》一系之《宋略总论》传本可考者凡五。于诸本同于甘刻者皆称许，其诸本独异处乃分别著之。郦氏《校记》详著各本异同，既已刊行，兹不缕引。惟徐抄多有可取，故择录之。凡兹所校者，亦于有异同处，并皆详著，亦郦君之意云耳。昔李善注《文选·晋纪总论》，即取材于干氏之书，若取《建康实录》中所存《宋略》以注裴氏《总论》，是亦李氏法也。惟今则不暇，俟诸异日。裴氏《总论》文字仅二千有奇，今所校者，已将四百条，于十数本间，左右采获，酌而用之，虽句读犓明，然以沉晦已逾千载之文，而欲一朝起之，亟知非易，况所系已浅，无关宏旨，徒贤于博弈而已。若裴氏一书大义，则有不能不为之疏通证明者，用特陈之。

刘子玄云："自魏以前，多效三史，从晋以降，喜学五经。"此魏晋以来史学一大变革也。又曰："干宝著书，盛誉丘明，深抑子长。"又曰："降及战国，迄乎有晋，年逾五百，史不乏才。惟令升先觉，远述丘明，重立凡例，勒成《晋纪》，邓（粲）、孙（盛）以下，遂蹑其踪，史例中兴，于斯为盛。”《文心雕龙》亦曰：“《春秋》经传，举例发凡，自《史》《汉》以下，莫有准的，至邓粲《晋纪》，始立条例。及安国立例，乃邓氏之规焉。”则抑子长而誉丘明者，立义例，去芜秽，崇编年之简，而绌纪传之杂也。子野之删正沈约《宋书》以成《宋略》，正沿干、孙之轨范以绍丘明，所谓“杜预申以注释，干宝藉为师范”，此魏晋以来史义之高于马、班者也（杜预言《左氏》五例，荀悦《汉纪》五典，干宝《晋纪》五志），此一事也。

自魏武好法术而天下重刑名，魏文慕通达而天下贱守节，其后纲维不振，虚无放诞之论，盈于朝野（傅玄语）。何晏、王弼以虚无为本，故有《崇实论》《崇有论》以辨之。嵇康、阮籍以裸裎为高，此放诞也，故有《崇检论》以折之。流风相扇，祸中于永嘉，晋、宋史家莫不引为深憾。干氏《晋纪》称阮籍居丧，饮噉不辍，故魏晋之间，有被发夷傲之事，背死忘生之人，反谓行礼者籍为之也。其《晋纪总论》曰：

> 风俗淫僻，耻尚失所。学者以老、庄为宗而黜六经，谈者以虚荡为辨而贱名检，行身者以放浊为通而狭节信，当官者以望空为高而笑勤恪。其倚仗虚旷、依何无心者，皆名重海内。国之将亡，本必先颠，此之谓乎！故观阮籍之行，而

觉礼教崩弛之所由；想郭钦之谋，而觉戎狄之有衅。

虞预作《晋书》，憎疾玄虚，其论阮籍裸裎，比之伊川被发，是固《崇检》之志也。孙盛作《老聃非大贤论》，以为中贤第三之人，去圣有间。复谓尚无既失之矣，崇有亦未为得。盛又论王弼《易》学曰：

> 《易》之为书，穷神知化，世之注者，殆皆妄也，况弼以附会之辨，而欲笼统玄旨者乎！于六爻变化，群象所效，日时岁月，五气相推，弼皆摈落，多所不关。虽有可观者焉，恐将泥乎大道。

则于风靡一世之《老》《易》之学，词而辟之，以绌有无之辩。《宋略》纪王敬弘辞职东归，深见礼重，使子恢之求朝请曰：

> 朝无限，故无竞，吾欲汝处无竞之位。方其在位，帝问得失，敬弘对曰：天下有道，庶人不议。裴子野曰：有其位无其言，君子耻之，王公（敬弘）之谈，为不类矣。居官不事，以敌（疑误字）为名，正始、元康之风，中原所以败也，纵而勿检，致治难哉！

此亦干宝、孙、虞之志也。以神州陆沉、百年丘墟为王夷甫诸人实任其责，其思想实与江左清谈者流相反。故子野又曰：

> 三年之丧，有生之巨痛，既贯天道，实惟民极。中世隆污，或行或否。……弃衰麻而服冕弁，匪金革而徇寇戎，君子辱乎上，小人通乎下，名教倒置，将安用之？

其《乐志叙》（《通典》称《宋略乐志叙》）曰：

> 先王作乐崇德，及周衰道微，吕失其序，乱代先之以忿怒，亡国从之以哀思，优杂子女，荡目淫心，以鱼龙靡慢为瑰玮，以吴趋楚舞为妖妍，王侯将相，歌伎填室，鸿商富贾，舞女成群，莫为禁令，伤风败俗。则期功之惨，不废丝竹，王、谢风流，非此所誉。

此魏晋史家秉持之义，而不摇乎流俗者。此二事也。

惟袁宏《后汉纪》思想属老、庄一派，两汉以灾变为天道，魏晋以虚无为极致。北朝老、庄名理之说不行（行道教），而笃信阴阳家候，汉《易》重爻象，而魏晋倚玄言，孙盛极诋王弼，而崇岁月五气，此宗汉人之《易》也。令升传京氏《易》，而又傅之以干支，干、孙二家之书，极陈灾变谶候，故符瑞之志于是以作。此源汉《易》而来之天道说也，宋、梁史家鲜不由之。《裴书》备列禽兽草木之异，而无先后征应之解，则大异于干、孙。其曰：“先王历象日月，敬授民时，后（误作彼）世穿凿，拘于禁忌，推步盈虚（旧阙此，以意补之），其细甚已。多鄙俚之说，乱采索之旨。由是搢绅先生不知阴阳为学。”斯又裴氏识之高于令升、安国者，此三事也。

六代文章，最为靡曼，风云月露，词联简牍。裴松之以孙盛制书，多用《左氏》以易旧文。《文心雕龙》亦云：“孙盛、干宝文胜为史，准的所拟，志乎典训。”则魏晋史人喜学五经者，既袭《春秋》之体，复效《左氏》之文。刘子玄讥之为“好奇厌俗，习旧捐新，虽得稽古之宜，未达从时之义”。然干、孙皆词义贞刚，不涉浮丽，上效《左氏》，斯所以异于颜、谢、潘、陆之为，故诸家史文不得以一代藻绘之作目之。况子野《雕虫论》（皆即《宋略·文纪》之论，《文苑英华》别以《雕虫论》名之）复曰：

> 古者四始六艺，既形四方之风，且彰君子之志。后之作者，思存枝弃，繁华蕴藻，用以自通。由是随声逐影之俦，弃指归而无执，蔡应等之俳优，扬雄悔为童子，爰及江左，称彼颜谢，箴绣鞶帨，无取庙堂。宋初迄于元嘉，多为经史，大明之代，实好斯文。自是闾阎年少、贵游总角，罔不摈落六艺，吟咏性情，学者以章句为专鲁，淫文破典，斐尔为功。荀卿有言，乱代之征，文章匿而采，斯岂近之乎？

则绮靡之作，诚史家所恒厌，子玄屡称《宋略》以拟《左氏》，貌异心同，又摘其鲍照文学宗府，驰名海内，事皆阙如。子玄所讥，正李天生所论司马光书不取文人之意，不足以非裴氏，此四事也。

六代史文，南谓北为索虏，北谓南为岛夷，以徒相轻丑，词无关宏旨，而实有义焉。范晔之于《南匈奴论》曰：“窦宪、耿秉之徒，蹑北追奔，三千余里，若因其时势，还南虏于阴山，归河西于内地，防戎羯乱华之变。……而窦宪矜三捷之效，更立北虏，反其故庭，坐树大鲠，永言前载，何痛愤之深乎！终于吞噬神乡，丘墟帝宅。”斯岂泛尔之词乎？干宝《晋纪》言：“泰始后，中国相尚用胡床貊盘，及为羌煮貊炙；贵人富室必置其器，吉享嘉会，皆此为先。太康中，又以毡为帕头及络带衿，百姓相戏曰：中国必为胡所破也，毡产于胡，而天下以为帕头带身衿口，胡既已制之矣，能无败乎？”干宝曰：“元康中，氐羌反，至于永嘉，刘渊、石勒遂有中都，自后四夷迭据华土，是其应也。”斯岂泛尔之辞乎？宋武帝既灭姚氏，三秦父老闻裕将还，诣门流涕诉曰：“残民不见王师百年于兹矣，始睹衣冠，人人相贺，长安十陵，是公家坟茔，千门万户，是公家府殿，舍此欲安归乎？”宋文帝既挑拓跋之祸，“魏人凡破南兖、徐、兖、豫、青、冀六州，杀掠不可胜数。丁壮者即加斩截，婴儿贯于槊上，盘舞以为戏，所过郡县，赤地无余，春燕归巢于林木，自是邑里萧条，元嘉之政衰矣。”斯岂泛尔之辞乎？裴氏书于北事胥以胡狄目之，盖史人于胡马凶残，怨深刺骨，固非清谈者流，新亭兴慨，惟以运有兴废视之而已。子玄又谓几原删略《宋史》，时称简要。至如张祎阴受君命，戕贼零陵，乃守道不移，饮鸩而死，虽古之钽麑，何以加诸，事皆阙如，何以申其褒奖。《宋略》于司马休之举兵内向，裴子野曰：

> 司马休之之动，非其时也，天方厌晋，罔敢知吉，已虽欲得，无乃违天乎？五运无不亡之国，为废姓受朝，贤若三仁，且犹颠沛，而况豪侠哉。昔中原殄寇，道尽于时，四海争秦，岂徒系晋，得失存乎大义，故能遂荒南土，其兴也勃焉，至义熙不异于是矣。而宋家支离，未忘前事，彼逆越逸，祸将日寻。岂戡黎之伐宏少，将咎周之徒孔炽。

则子野既致惜于休之，更何取乎张祎。盖曹、司规模，齐、梁相袭，元勋佐命，胥属殷遗，悠悠风尘，皆无取君臣之固也。子玄徒致贬于鲍昭、张祎，而不能求其义于司马休之与《雕虫论》，则亦未足以言裴氏也。凡当世史人，多恨切于夷夏，而义疏于君臣，是亦子长退处士而进奸雄，崇势利而羞贫贱，孟坚讳主辟而折忠臣，贵取容而贱直节之类也。魏晋以来之史学，于中国为中兴，旨义深美，上比晚周，下启两宋，非汉唐所能逮，文辞、思想亦与当代风习不同。今因裴书略发数事于此。若何法盛之《晋中兴书》、王劭之《齐志》《隋书》、许亨之《梁史》、鱼豢《魏略》、陆机《晋书》

之类，往往大义足与群书相发，有可得而言，以与裴书无涉，不复缕陈。

附：《宋略总论》校记

宋高祖武皇帝以盖世（李昉《文苑英华》作代，以下省称李）雄才，起匹夫而并六合，克国得隽（明抄本《文苑英华》作俊，以下省称明抄），奇略（李作寄迹，明抄作奇迹。略，周应治《广广文选》作迹，以下省称周；陈继儒《古论大观》作绩，以下省称陈）多于魏武，功施（徐抄本《建康实录》作施，以下省称徐抄）天下，盛德厚于晋宣，怀荒伐叛之劳（李此下有而字，明抄而下空一字），夷边荡险之力，百战（李无百战二字）百胜，有（李无有字）可得而论者矣。拔（李作政，傅作跋，周无拔字）足行（李此下有阵之二字，周阵下空一字）间，却孙恩（明抄无孙字，恩作思）蚁聚之众；一朝奋臂，扫桓玄盘石之宗。方（许嵩《建康实录》作万，以下省称许）轨长驱，则三齐无坚垒；回戈（许此下有五兵二字）内赴（许作起），则五（许作丘）岭靡（许作无）余妖（许此下有残孽二字）。命孙季（许作秀）高于巨（明抄作臣）海之上，而番禺席卷；擢朱龄石于百夫之下，而庸蜀来王。羌胡畏威，交（梅鼎祚《梁文纪》作文，以下省称梅）为表里；董率虎旅，以事（许作侯）中原。石门、巨（严可均《全梁文》作巨，以下省称严）野之隘，指麾开辟；关（许作鹊）头、灞（严及明抄作霸）上之阻，曾莫藩篱。虏其酋豪，迁其重器（李作宝），登未央而洒泗，过长陵（严作陆）而下拜。盛矣哉！悠悠（徐抄本悠下有二字）百年，未之有也。于是倒载干戈，休（明抄作沐）兵泗（许作四）水。彤弓纳陛，肇有宋都，蕭（傅振商《古论玄著》作叶，以下省称傅）芥必除，华夷莫拒（许无上二句）。然后请号（李作乎，明抄作呼）上帝，步骤（许作躡）前王。零陵去之而无（许作莫）猜（文津阁本《建康实录》作靳，以下省称文津）心，高祖受之而无媿（许作愧）色。古之所谓义取（梅无取字）天下者，斯之谓与（许作焉，李作乎，此从徐抄）？若（许无若字）其提挈创业（李作创草），则魏、孟、何、刘；辅相总持，则穆之、徐羡。镇恶、道济经其武，傅亮、谢晦纬其文。长沙以冢弟（许作家第）共艰难，烈武（李作武烈）以清贞（许作贫）定南楚。其他（陈无他字）胥附奔走，云合（许作霏）雾集，若榱椽之构（许空，云今上御名）大厦（文津此下有若字），众星之仰河汉，或取之于民（周作武）誉（明抄与严、梅、周同作举），或得之于未名（文津未名作灵祥），群才毕（李、许作必，此从徐抄）呈（李作逞），智能咸効（李、梅作效，明抄作郊）。爵不妄加，官无（许作不）私谒。晋末所（许无所字）以荒淫（李作济）淆（傅作浠）混（许作混乱），阿党容纵（明抄作踪），莫不扫荡（李作驱扫）革易，与之更始。君行卑菲（许无菲字），而国（许作咸）不为陋（许作奢）；民勤征（许无征字）戍，而下无怨讟。品令宥密，赏罚（文津下有克字）端平（文津无平字），远无不怀，迩无不附，属为郡县（许作州郡，文津作郡县）者，则南过交趾（许作阯，文津作趾），西包（许作苞，徐抄作包）剑阁，北划大（李作黄）河，而（文津作东）绕（许作境）东海。七分天下而复（李作有）其四。自（许无自字）永初末岁（傅无岁字），天子负扆矜（李作务）怀，以（傅以下有德字）燕代为戎（许作戎幄），岐梁重梗，将誓六师。屠桑干而境（梅作北）北地（许作狄），三事大夫顾（李作愿）相谓曰：待夫振旅凯入，乘辕南反。请具银绳琼检，昭告（李作告报）东岳。既（傅无既字）而（明抄而下空一字）洮颒（李无颒字，傅作盥洮）弗（许作不）兴，即（徐抄作师）年厌（李作献）世，营（许作荥）阳（李此下有王字）狎于（文津作子）弗训（李作不顺，梅作许），以败皇（李无皇字，明抄空皇字）舆，太祖宽肃宣惠，大成（李作臣，明抄作成）先志（李作光表），超（许作表）越二昆，来膺（李作应）宝命。沉明内断，不欲政（许无政字）由宁氏，挠（李作克，文津及徐抄作尧）灭（许无灭字）权逼，不（许无不字）使芒刺在躬，亲临朝政（李作事），率遵（李作尊）恭德（许作法），斟酌（明抄作勘酌）先王（严作生）之典，弘（李作强）宣当世（李作时，明抄作世）之宜，吏久其职，育孙（严作生）长子（许无上二句），民乐其生，鲜陷刑辟。仁厚之化，既以（李作已）播流，率土欣（李作忻）欣（明抄本作忻忻），无思不服（许作悦，明抄同），每车（李无车字）驾巡幸，箫鼓所（李作听，明抄作所）闻，百姓皆（李无皆字）扶老携幼（李作扶携老幼），想（梅及文津作相）望仪型（各本作刑，此从梅，文津及傅作形），爱之（许下有乐之二字）孜孜如（李下有日字）不足（徐抄作及）尔（李无尔字）。初（徐抄无初字）徐（徐抄下有物字）傅伏诛，继求内相，王弘处之而思降，彭城欲之而弗（许作不）违。王华、殷景仁以（文津周下有刚字，徐抄空一字）忠（许作中）允（许无允字）熙帝载，谢弘微、王昙首以沉密赞枢机，徐湛之（傅无徐湛之三字）、江湛（李、徐下空一字，无湛之江湛四字，梅于空作陵字，周于空作湛之二字，陈不空）、王僧绰以体国彰义信（许作正，明抄及梅、傅作信义），谢方明、刘道产（李作生）以德（李作治）惠（许作庆）称良能。高简（许作间，徐抄作闻）则王（李无王字，明抄有）令（许作全）明（梅作名），清贵则王蒨玉（李作王旧，明抄作王旧王，按王球字蒨玉，此径改正。许作方续），文章则颜延之、谢灵运有藻（周作澡，陈同）丽（许作命世）之钜（许作巨）才，儒雅则（周则下空一字）裴、荀（明抄作苟）、何、傅擅（明抄空擅字，许作为）师表之高学（许下空二字，徐抄不空，文津于空作见微）。刚（许作则，下有徐字）亮骨鲠，则袁粲、蔡子度（许作粲子广），建言（徐抄言下有傅字）忠益，则范泰、何尚之。其（李无其字）宗室藩（李作文）翰，帝弟帝子，则（许无则字）江夏、衡阳（许下有南昌二字，徐抄及文津南昌作南平）、庐陵、随（周、傅作隋）王、建平、临川、新渝（李作喻），或清（许作倩）令而（许作夷，文津夷上有冲字）审（许作宵，文津无宵字），或文敏而（许作沾，明抄空而字）洽，皆博爱（明抄作受）以礼（许礼下有率字）士（许作土），明靡（许作美，傅作哲）以（许无以字）流誉。三四十年（李作十三四年，明抄年下空一字），为多士矣。上亦蕴藉（许作籍）义文，思弘儒术（李作府），庠序建于国都，四学闻（傅作开）乎（许作分于）家巷，天子乃移跸下辇以从之，束帛燕（许作宴）语以劝（许作观）之，士（许无士字）莫不敦悦（许作阅）《诗》《书》，沐浴礼义，淑慎规矩，斐（明抄作裴）然向风（李作方，明抄作风）。其行修言道（文津作言行合道）者，然后登朝受职，威仪轻佻者，不齿于乡闾。公宫非傧（梅作摈）羽不来庭，私家非轩盖不逾（梅作踰）阈（许作国），冠冕之流（许之流作以之），雍容如也。于是文教既兴，武功亦著（许作慕），命将受律，指日如期（李作斯，严作期）。檀、萧薄伐，则南登（许作澄）象浦（许作酒，文津及徐抄作郡），刘、裴（梅、周作斐）爰（许作庆，徐抄作爰）整，则西践仇池（李作他）。良驹巨（明抄作臣）象，充塞外厩，奇琛瑰（李作环，许作宝，此从严及明抄）货，下逮（文津作建）百僚（李作辽，许作寮，此从周、梅及明抄）。禽兽草木之瑞，月（梅作十）有六七，绳山驱（许作航，李作讽，此从明抄）海之译，岁且十余。江东以来，有国有家，丰功茂德，未有如斯之（许无之字）盛者也（李无也字）。然值北虏（许无虏字）方强（许作疆，徐抄作强），周、韩岁扰，金墉、虎牢，代（许作伐，徐抄作代）有得失（李作代失其御）。二十七年偏师剋（严、梅作克）复河南，横挑（李作蹂，明抄空挑字）强（许作疆，徐抄作强）胡（傅作刦，文津作敌）百万之象，匈奴遂跨彭沛（李作泽）、航淮浦，设穹（周作穷）庐于瓜步，请公主以和亲。于（傅作予）时精兵猛将，婴城而不敢斗（许作辟），谋臣智士，折挠而无所（李作可，明抄空一字）称。天子乃（许作三）朝（许下有燕字）飨单于，临江高会。于是起（梅作启）尽户（严作尸）之役，贷富（许无上五字）室之财，舳舻千里，缘江而陈（许作阵）。我守既严，胡（文津作北）兵亦息（许作急）。且知（李无知字）大川所以限南北也。疲老而退归（许作归退），而（各本无而字，此从明抄）我追奔之师，櫜（李作橐）弓裹足，系（陈作低）虏之民，流离道路。江淮以北萧然矣。重以含章巫蛊，始自（徐作曰）二（各本作三，此从文津作二）逆，合殿酷帝（许作殿杀酷帝，文津作弑帝合殿），史籍未（许作史之于，文津于作所）闻。仲尼以为非一朝一（明抄无一字）夕之故，其所由来者渐矣。由（李无由字）辨（周及文津作辨，下同）之不早辨也。元嘉之祸，其有以焉（许无此二句）。世祖率先九牧，大雪冤耻，身当历数，正位宸（李作天，许作震，此从徐抄）居。聪明徇（许作绚）达，博闻（许作文）强识（李作记）。威可以整法，智足以胜奸，君人（许作人君）之略，几将（许作殆）备矣。一（许无一字）时之风流领袖，则谢庄、何偃、王彧（许作王元长，陈作彧）、蔡兴宗、袁（李、梅同作索，严作袁）颛（傅作剀）、袁（明抄作表）粲，御侮（李作武）名（许无名字）将则沈庆之、柳（李作抑）元景、宗悫、朱修之（许作朱循之，李作宗敞之，无朱循二字，明抄有，《宋书》作朱修之，此从文津作修之）。或清华（李作洁清，明抄空洁字）以秀雅，或骁果以出（李作步，疑陟字之缺，许作生，疑出字之误，傅作拔，此从文津）类（许作颣，文津及徐抄作类），固（李、傅作因）以轨道廊（李作廓）庙（李无庙字）之中，方驾（李作知，傅作如）向时之略（李作士）。若颜竣（许作峻）之（许无之字）经纶忠烈（李作劲），匪（许作乃）躬谅直，虽晋之狐、赵无以尚焉。帝即位二三年间，方逞其欲，言拒谏违（李作拒谏是已），天下失（陈作夫）望。夫以（许作而有，徐抄空而字，明抄作夫有）世祖（许下有于字，徐抄空于字，文津于作宏）才明，少（文津作帝）以礼度自肃，思武皇（傅作王，严作皇武）之节俭，追太祖之宽恕（明抄作如），则汉之文、景曾（李作宗）何足云（许作论）。景和申之以淫虐，太宗易之以昏纵。师旅荐（李及文津作荐）兴，边鄙蹙（许作促，徐抄作蹙）迫，人怀苟且，朝无纪纲（明抄作网）。内宠方议共（许作其）安，外物已睹（文津作视）其败矣（李作已）。初（许无初字），世祖登遐，既（李无既字）委重（徐抄作任）于二戴（李作载），太宗晏驾，亦托孤于王、阮。渫（许作沟，文津作渎，徐抄空渎字）近之道同（许无同字，徐抄有同字，文津同作有）归，冲（梅作众）人之衅（许作亹，明抄同）如一。然宋祚未绝于永光，更（许作重）以宗王（许无王字）之见窘，水德遂亡于后嗣（许无于后嗣三字，李无嗣字，明抄空嗣字，此从周），实由强臣之受辱。且顾命群（李作郡）公，从容自重（许作若），濡滞（李作畏懦，许亦作懦无畏字，文津作巽懦，此从徐抄）伊、霍之机，绮（许作倚）靡唐虞之际。于是蔚炳胥（徐抄作国，文津作骨，下有肉字）变，明（许无明字）命就迁，俯仰之间，兴（徐抄作盛）衰易用矣（许作易觌之矣，觌徐抄作觏）。周自平王东迁，崎岖河洛，其后二十四世，而赧（许作已，徐抄作赧）始亡（明抄作王）之。汉自章、和以（许作既）降，颠覆阉竖（明抄及周、陈作竖），其后百有余载（傅作岁），而献始禅之。何则，周、汉灵长，如彼难拔，近代脆促（徐抄空此二字，文津促作从），若此易崩。非徒（李无徒字）天时，亦（许作有）人事矣（李作也，明抄无也字）。开（李作闻夫，文津作辟）鸿荒者难为虑，因成（李无成字）事者易为力。曹、马规模，悬乎前载（徐抄作代），苟有斯会，实启英雄。而况太宗为之驱除（许作驰，文津及徐抄作除），先颠（文津无颠字）其本（李空二字，明抄空上一字，许无二字，严及周作本根，此从梅及傅），本（周本上有夫字）根（明抄作根本）既蹶（李及徐抄作蹷），枝叶遂（许作自）摧，斯则始于人事者（李作也）。昔二代将亡，殷辛、夏癸相去数百年间，异代（李作世）而后（许作复，徐抄无复字）出，宋则（许作自）景和、元徽，首尾不能十（明抄作拾）载，而降（周作淫）虐过于二君（许作徐过于两君），斯则天之所弃，笃（许无笃字）于前王者（许无者字）也。天意人事，其微（傅作征）如是，虽欲勿丧（李作宾），其可得乎。若乃拯厥涂炭，蒙逆取之辱者（许作驭逆取欲者），汤、武之志（许作功）也。私（许无私字）钼当路，饰揖让之名者，近代之事也。岂（李作其，明抄仍作岂）应天从民，道有优劣，故宗庙社稷修短异（许作有）数乎（李无乎字）。不然，则何（许及明抄作何则，徐抄及文津作何其）殊途（李作尤）缅邈如斯之远也！夫山岳（李作岳）崩颓（周作颓），必有朽坏（李作壤）之隙（许作隟），春秋迭代，亦（许作必）有去故之悲。是以临危亡而抚理（许无理字）运，未有不扼腕留（李作流）连者也。近（许无近字）古之弊，化薄俗行乎宋氏（李无宋氏二字，傅作时代），宋氏之（许无之字）成败得失著（许作验）乎行事。从（许作设）而言之，载于篇籍（李无籍字）矣。系叙其（严作非）所以（许无以字）创业垂统，而怀其旧俗遗风（许下有余烈将不啻然六字）逮于（许作建乎）贤人君子，英声余论，以附于兹。子野曾（许无曾字）祖宋中大夫（诸本夺太字，据《宋书》补）西乡侯，以文帝之（许无之字），十二（许作三）年受诏，撰《元嘉（许无元嘉二字）起居注》，二十六年（许作十六年），重被诏（李作绍）续成何承天《宋书》，其年终于位，书则未遑述作。齐兴后数十（许作十余）年，宋（许作定）之新史既行于世也（许无也字）。子野生乎泰始之季，长于永明之间（李作年，明抄空年字），家有旧书，闻（明抄作开）见又（许作交）接，是以不量（李作用，明抄作量）浮（许作深）浅，因宋（许作宗，徐抄作宋，文津作定）之新史以（李无以字）为《宋略》二十卷（许下有篇字，文津作余篇），剪裁（李作截）繁文，删撮事要，即其简寡（许作宣），志以为名。若（李无若字）夫黜（许作点）恶彰（明抄作章）善，臧否与夺，则质（李无质字）以先达格言，不有私也。岂以（明抄作有）勒成一家，贻之好（明抄作如）事，盖司典之后，而（文津无而字）不敢（李无敢字）忘焉。

裴子野曰：余齐末无事，聊撰此书；近史易行，颇（徐抄作类）见传写，比更寻读，繁秽犹多，微重刊削，尚未为详定。

——原载1934年10月《国立北平图书馆馆刊》第八卷第五期

馆藏明蜀刻本《史通》初校记

馆藏《史通》，一为陆深本，每半叶九行，行十八字，字墨精整，为白绵纸印，莹洁如玉。子玄书清代无宋刻，《永乐大典》亦遗此编，陆本于明刻为最先，陆刻即宋刻也。况是蜀地旧椠，俨山所据，亦宋代蜀刻，岂以两宋之世，史学在蜀，而《史通》亦独重于蜀耶？陆本海内鲜见，丁、瞿记录，皆不知陆书云何，他更无论，惟士礼居曾见之，亦不知流落何所。是诚人间球宝，于蜀更为足珍也。一为郭本，亦鲜见于藏书家著录，是释《史通》之最先者。郭虽出二张之后，但二张似源于别一宋本，惟郭本符于陆刻，则前世每以二张校正陆本，翻不如以郭本校正陆本之为愈也。郭本每半叶九行，行二十字，评释低一格，小字单行，竹纸初印，字亦清劲。二本皆首尾无缺，篇页完好，无虫鼠之眚，以今年春间，先后入馆藏，陆、郭并至，询足庆为珠联璧合也。展读既竟，方始校勘，爰记各家校释源流如次：

（一）陆深——俨山在史馆日，当于崔氏获见写本，写本字多讹误，不能偲读。嘉靖甲午年，王舜典以蜀刻本见贻，乃参互校观，志其异同。次年，布政蜀中，乃又订其错简，还其缺文，以之付梓，是为陆氏蜀刻本，亦最早之明刻本也。陆氏自言，经其是正，而《史通》始可读。高公韶跋陆本，亦曰："辟光弼一号令，子仪军气色益倍，寒朗平反楚狱，群疑亡而多理出。"陆氏之功，在于是矣。惜陆氏无别本可较，故知者正之，于其所不知，盖阙如也。

（二）张鼎思——持所藏抄本以校陆刻，增更弥多，于《曲笔》则增四百三十余字，于《鉴识》则增三百余字，而去其自它篇羼入者六十余字，《因习》上卷已亡刻中数行，宜削者慎而弗削，它无可据者，则仍其旧焉。

（三）张之象——以陆文裕本讹舛尚多，乃据秦汝立藏宋刻本，又参合众本相与诠订，以宋本为正，余义通者仍两存之。刻于万历五年。刘子玄书此独完整无缺，卷终仍刻陆深识语。

（四）郭孔延——江右郭氏，肆力诠释，于人物则著其爵里，于史实则为之疏注，释《史通》者，此为最先，评则李维桢作，而郭续之。

（五）王维俭——因郭孔延所释，重为厘正，又以华亭张之象本参校刊定。卷端有题识云：共校正一千一百四十二字。孔延注本漏略，维俭所补，引证较详。

（六）黄叔琳——补王维俭注所未及，浦起龙亦间摭用黄本注释，虽不及起龙而不甚改窜，犹属谨严，于知几原书亦颇有纠正。

（七）浦起龙——浦书作于郭、王、黄三家之后，斟酌损益，引据详明，足称该洽。惟轻于改窜古书，往往失其本旨。卢文弨独叹其用字精核，凡作正字大书者，皆宋本也。殆就一偏评之耶？

（八）陈汉章——伯弢先生于近代最为博洽，以膺南京大学之聘，撰次《史学通论》，旁览《史通》，觉浦释纪评，犹未尽得刘子玄言事所出，或失其意，爰据唐以前书补释之，间或纠及本书，成书最晚，宜后来居上也。又由柳翼谋先生为之审正，庶云无憾矣。

至于众家校记，则有孙潜夫、冯已苍、钱遵王、何义门，而卢抱经、顾抱冲成书晚，故所取者博。近涵芬楼影印张鼎思本，别采诸家校文为札记，亦可见其梗概，兹不详陈。

宋世官书，每非完帙，见于《通考》及引证陈、晁各家著录，累累皆是，后合之民间传本，始庆获全。每有至明而后备者，此抄本之所以足贵也。《史通》蜀刻脱简尚多，二张各有补正，郭延年稍后，参校各本，审正文字，盖已臻完美也。独《内篇》十卷三十六篇，而《统体》《纰缪》《张弛》三篇，有目无书。《唐书》本传云："著《史通》内外四十九篇。"核之目录，应为五十二篇，而《唐书》云云，故说者谓三篇之佚，当在宋子京之前也。然反复子玄之书，疑四十九篇本无阙佚，以子玄之书，文多复重，谅先是随时条记，后乃缀集为篇，故多同一文句而诸篇皆见者，盖失于检核若此。使先定篇章，应手摅意，即征事或同，决无造辞不异至于若此。则子玄之先有条记，后缀篇章必矣。再求之《外编·杂说》上中下三篇，正其条记之存而无篇可隶者，悉聚于此，是盖刘书属稿之旧贯也。其《下篇》杂记十条尤为离异，详细绎之，其一、二两条殆即《统体》；四、五、六、七、八各条，殆即《纰缪》；三、九、十各条，殆即《张弛》。岂此三篇者，惟有条记而书固未成欤？是所缺各篇，非亡于子京之前，实未成于子玄之手，则诵刘氏之书者，谓之无所阙佚可也。

中国史籍之富，并世诸国，莫能与抗，而究论作史之法，亦以中国为最先，《史通》固其选也。《史通》言："夫史之有例，犹国之有法，国无法则上下靡定，史无例则是非莫准。昔孔子修经，始发凡例；左氏立传，显其区域。迄乎有晋，年逾五百，虽史不乏才，而斯文终绝。唯令升先觉，远述丘明，重立凡例，勒成《晋纪》。邓、孙以下，遂蹑其踪，史例中兴，于斯为盛。”《春秋》以变文见义，事不必论，干、孙以下，乃有恒规，此则《史通》之所由仿也。干宝之释五志也，曰：“体国经野之言则书之，用兵征伐之权则书之，忠臣烈士孝子贞妇之节则书之，文诰专对之辞则书之，才力技艺殊异则书之。”盖所谓审正得序，而能祛史不胜史之弊，此其所以当五百年史例中兴之盛者耶？《文心雕龙·史传篇》曰：“《春秋》经传，举例发凡。自《史》《汉》以下，莫有准的。至邓璨《晋纪》始立条例，又撮略汉魏，宪章殷周，虽湘川曲学，亦有心典谟，及安国（孙盛）立例，乃邓氏之规焉。”则邓氏亦言史例之俊也。刘氏又曰：“杜预申以注释，干宝藉为师范。”（原注云：事具干宝《晋纪》中。）知干之立例，又本于杜之释《左》。杜氏《春秋经传集解序》曰：

> 故发传之体有三，而为例之精有五：一曰微而显，文见于此，而起义在彼，称族尊君命，舍族尊夫人，梁亡、城缘陵之类是也。二曰志而晦，约言示制，推以知例，参会不地，与谋曰及之类是也。三曰婉而成章，曲从义顺，以示大顺，诸所讳辟，璧假、许田之类是也。四曰尽而不污，直书其事，具文见义，丹楹刻桷，天王求车，齐侯献捷之类是也。五曰惩恶而劝善，求名而亡，欲盖而章，书齐豹盗、三叛人名之类是也。

杜之说《左》，而干、孙沿之，依准丘明，遂成杜义。然荀悦述《汉纪》，其序曰：

> 夫立典有五志焉：一曰达道义，二曰彰法式，三曰通古今，四曰著功勋，五曰表贤能。于是天人之际，事物之宜，粲然显著，罔不备矣。

殆杜之释《左》，又因乎荀之述《汉》，六代之史，盛于编年，固自荀氏首启之也。邓、孙之说既亡，沈、魏之书又略，于后言史例者，唯魏澹耳。《隋书》著澹之史例：

> 其一曰：《曲礼》天子不言出，诸侯不生名，况天子乎，若为太子，父前子名，礼之意也。至如马迁，周之太子皆言名，汉之储两没其讳，恐非其义。班固、范晔、陈寿、王隐、沈约，参差不同，尊卑失序。至于魏收讳储君之名，书天子字，过又甚焉。其二曰：三代之英，贤圣相承，莫过周室，名器不及后稷，追谥止于三王。魏氏以前，部落之长君耳，太祖远追二十八帝，并极崇高，当须直笔裁而正之。其三曰：南巢桀亡，牧野纣灭，未尝隐讳，直笔书之，而太武、献文，并皆非命，杀主害君，莫知名姓，逆臣贼子，何所惧哉，兵交御坐而可隐没乎？其四曰：楚问九鼎，吴征百牢，无君之心实彰，夫子刊经，皆书曰卒。自晋德不竞，宇宙分崩，聘使往来如敌国，及

> 其终也，书之曰死，便同庶人，存没顿殊。今所撰诸国，凡处华夏之地者，皆书曰卒，同之吴楚。其五曰：壶遂发问，马迁答之，义已尽矣。后之述者，仍未领悟。董仲舒、司马迁之意，本云《尚书》者隆平之典，《春秋》者拨乱之法，兴衰理异，制作亦殊，治定则直叙钦明，世乱则辞兼显晦，故云周道废，《春秋》作，尧舜盛，《尚书》载之是也。汉兴以来，改正朔，易服色，臣力诵圣德，仍不能尽，余所谓述故事而君比之《春秋》，谬哉。然则纪传之体，出自《尚书》，不学《春秋》，明矣。

魏收云："鲁史既修，达者贻则，子长自拘纪传，不存师表，盖泉流所由，地非企及，虽复逊辞畏圣，亦未思纪传所由来也。"史例之说，至是已著，复又别启新途，以《尚书》述隆平，而《春秋》为拨乱，纪传编年，准此殊致，唐迄北宋，尚或述之，至说尼父之经，同商君之律，倘亦自魏氏而启欤？夫班之于例，视马为优（刘子玄说），蔚宗更谓："班氏最有高名，既任情无例，不可甲乙，唯志可推耳。博赡可不及之，整理未必愧也。"其睥睨孟坚，自负已甚。叶水心亦有蔚宗书用律精深之叹，是三史相承，后则益整，盖编年之家，假《春秋》以启其端，作纪传者从而踵其成规，而史例遂以益密。饮水思源，则循诵子玄之书而后知荀、杜、干、孙肇造之功为不可没也。刘子玄谓："陆机

《晋书》，直叙其事，竟不编年，年既不编，何纪之有？”而《初学记》引机之《断限议》则曰：“三祖实终为臣，故书为臣之事，不可不如传，此实录之谓也。而名同帝王，故自帝王之籍，不可以不称纪，则追王之义。”则机于此书以三祖之情，别乎往世创业之君，故其书在本纪列传之间。李德林称陆机见舜肆类上帝，班瑞群后，便云：“舜有天下，不须格于文祖。”此伸三祖帝王之籍所以称纪也。又称陆机以刊木著于《虞书》，戡黎见于《商典》，以被晋朝正始、嘉平之议，此伸书为臣之事所以如传也。是机之立义已明，而子玄讥之，未足云当。又刘氏最称裴子野、王君懋书，而又薄之，皆未足以执裴、王之口。子玄实因循魏晋言史法者，推衍以为书，惜尚未必尽得前修闳渺之旨。专言史法之书始子玄，而善言史法者固先于子玄也。

清代所见《史通》皆明刻，各家著录，胥无宋本，《永乐大典》既遗是书，类书征引，亦仅《玉海》而已。明刻以陆俨山深蜀刻本在嘉靖为最先。高公韶云：“俨山病蜀本《史通》难读。”彭汝实云：“俨山左辖吾蜀，谓《史通》漫漶不可读而翻刻之。”皆见《史通》原有蜀本，俨山复整正重刻之。俨山亦云：“王君舜典以左辖迁自川，惠蜀之刻本，明年西来得因旧刻校之。”知王所惠本为蜀旧刻，陆本则蜀新刻也。嘉靖本自以宋蜀刻为据，惟已漫漶，故有待于“补残刓缪，订其错简，还其缺文”。俨山时宋刻既坏，俨山先于崔子钟家见《史通》写本，知俨山据以订错还缺者，为崔氏写本，此张之象所谓吾乡陆文裕公购得《史通》抄本，及他刻本，已而是正翻刻川蜀者也。然俨山刻本，犹自谓讹舛尚多，惜无别本可校。逮万历中，张鼎思（睿父）重刻陆本于豫章，鼎思云："家有抄本，又购求复得二三抄本，各有舛讹，参稽互证，庶几可读。陆氏本《曲笔》《鉴识》二篇，多所缺误，睿父于《曲笔篇》为增四百三十余字，《鉴识篇》为增三百余字，而去其自他篇羼入者六十余字，此二篇乃为完书。"至陆本《补注》《因习》二篇之缺误，张氏亦未之能补也。张之象（玄超）得秦汝立家藏宋刻本，以为"字整句畅，大胜蜀刻（指陆本），乃参合众本，大较以宋为正，镂板流布"。于《补注篇》增陆本二百四十余字，《因习篇》增三百六十余字，而陆氏所恨缺误者，于此已成完书也。何义门云："张氏自谓曾得宋代刻本，乃讹舛正待点勘。"何欤？顾千里亦见张之象本，乃何、顾二家均不注重张本同异，岂轻之耶？卢召弓（文弨）得华亭朱氏（文游）影抄宋本云："《史通》下十卷无目录，而张之象有之，张鼎思覆陆本，均惟上十卷有目录，固与宋同，宋本序录后即接目录，陆、张二本亦然，目录第一、第二为大字单行，《六家第一》《二体第二》之例，皆小字双行如夹注，陆、张二本亦如此，一卷《六家》，黄（叔琳）本《尚书家》《春秋家》，俱各标一行，宋本无之，今陆、张于此亦同。”十二卷末，别本有“右说《唐书》”四字。召弓云：“宋无，今陆、张二本亦无之，宋本《史通》卷二，次行低格列《二体》《载言》《本纪》《世家》《列传》各目录，余卷皆如此。”此为宋本款式，陆、张两本亦同，则陆氏原于宋本，无改旧贯，于此更足见也。张鼎思为据陆本重刻，又依抄本补其缺误，而张之象本亦仍刻陆深题写《史通》识语，知张亦资陆本为参校。张之象所据宋本，未知何如，而自卷一至卷二十均题唐凤阁舍人彭城刘子玄撰，已与卢召弓所见朱氏影钞宋本不同，至“参合众本”一语，尤未分明。以明世宋本之外，惟俨山一刻在玄超之前，所云众本者，殆亦是抄本耳。二张刻后，郭延年（孔延）因张鼎思本作《史通评释》，评为李维桢所作，《提要》云：“李维桢为隆庆进士，孔延本末未详。”据王维俭序称江右郭氏《史通评释》，何义门云：“见万历中郭氏刻本。”知郭为江右人，书虽刻于张鼎思，后亦在万历中也。王维俭云：“先读郭本，意多不合，兹得华亭张之象本，大善，有极快人者。”卢召弓亦云：“何氏镗以朱氏影宋钞本校张之象本，知张本无大相乖舛者，在郭本之上。”依此二说，似郭氏未见张玄超本《补注》《因习》二篇，陆俨山、张鼎思二本皆有缺误，惟张玄超本不缺，今郭氏本亦不缺，苟郭未见张玄超刻，则其补此二篇，固又别有据耶？李维桢为隆庆进士，为时略先于二张，维桢作《评释》，考其文义，知李氏所见《因习》旧本，原无缺文，郭氏继李为书，其无讹脱，固玄超本外，李氏别据一完本也。《补注篇》“难为披览”句，郭附校语云：“蜀本作搜，宋本作披。”应李、郭所据亦宋本也。涵芬楼《史通札记》，于《鉴识篇》“论才则同体”引张（之象）本注云：“蜀本作体，宋本作耻。”而郭本无之，疑郭本未必袭之玄超。又张鼎思本《鉴识篇》中“夫史之曲笔诬书”至“盗憎主人之甚乎”，一百九十九字，郭氏本入之《曲笔篇》中，冯已苍本亦然，疑冯即从郭本出，何义门、浦二田并从之。卢召弓云：“何氏以影宋钞本校张之象本，知张本无大乖误，在郭本之上，惟《曲笔篇》中一段，误入《鉴识篇》中，得郭本始得正其违错。”是知二张皆与影宋本同，惟郭本为异。顾千里独不以郭、冯二本为然，影宋、二张自足为顾氏之据。卢召弓于《曲笔篇》云：“此下有一百九十九字脱在《鉴识篇》中，陆俨山校本在此下。”然按之陆本《曲笔篇》中，曾无片辞只字涉此一段文者，卢氏固未见陆本，即二张本亦未见，不知何以作此语？然以今推之，召弓之说，亦自有故，陆本《鉴识篇》“妄施弹射矣”下直接“夫以废兴时也”，二张本此间有“夫史之曲笔诬书”至“盗憎主人之甚乎”一段百九十九字，而陆本固无之，则此百九十九字可能在《曲笔篇》中，一也。依郭本此段入《曲笔篇》，以考论陆本《鉴识篇》首起至“不可同年”止，陆本无缺文错简，接下郭本“故知膏肓墨守”起至“受嗤于拙目也”止，并“刘注”二字当一正文计之，凡三百一十六字，陆之错简脱文适在此段，接下“刘祥撰《宋书》”至篇终，陆、郭本同，无复讹漏。《曲笔篇》首起，至“汗流刮席”止，陆本无缺文错简，接下郭本“夫以圣公”起至“情伪可求”止，并入“夫史之曲笔诬书”一段计之，凡六百三十二字，陆本之错简缺文适在此段，接下“至如朝廷贵臣”至篇终，无复讹漏，是知陆所据本，《曲笔》残坏者二叶，计六百三十二字，《鉴识》残坏者一叶，计三百一十六字，必陆所据本“夫史之曲笔”一段在《曲笔篇》与郭本同，乃能适合此数，二也。则召弓之说虽略而最为有理，郭氏异于二张，而能远符于陆所据祖本，则其为别据宋刻自无疑也。更依陆所缺文以推宋本行格，事固可知。今陆本为每叶十八行，行十八字，计共三百二十四字，当即依宋本刻式，宋本每叶尚不足八字者（疑当作宋本每叶尚有不足十八行者——整理者案），或每行字有大小，故稍有出入，行或十七字、十八字不等也。再以五卷陆本脱文考之，《补注篇》缺自“以为补注”起至篇终止，计二百四十三字，以行十八字计，应得十三行又九字为十四行，《因习篇》题为一行，凡十五行也。《因习篇》缺篇首至“蜀人至今称之”，计三百六十五字，应得二十一行，其不足者十三字，每行或有止十七字者也，适得三十六行，亦为二叶，是《补注》《因习》二篇之间，合缺二叶，盖宋蜀本如是，而陆氏因之，定为行十八字，此陆、郭二氏所据之宋刻也。张之象所据宋刻，同朱氏影钞，此百九十九字在《鉴识篇》。莫伯骥以为每半叶十行，行十九字，此则又一宋刻也。陆、郭、冯已苍本以“夫史之曲笔”一段入《曲笔篇》，原出宋本，何义门、卢召弓主之，浦二田亦以为是，谓：“《曲笔》以恩怨废兴言，《鉴识》以明暗异同言，《曲笔》是史之书人，《鉴识》是人之辨史，两篇无一语相混，错简二百字，持此判之。”张鼎思本非源于张之象，然与朱氏影钞宋本同，以“夫史之曲笔”一段入《鉴识篇》，谅亦原出于张玄超所祖宋本，顾涧蘋主之，谓：“此一百九十九字，不当入《曲笔》，李百药以魏收为实录，魏征以王劭为有惭正直，皆子玄所摘《鉴识篇》之谬者耳。若《曲笔》者载事而失其实，《鉴识》者评史而乖其理，二篇之别在此。”但此事惟须推寻源流，固不必断断以争曲直。相台岳氏之校刻《礼记》，并附兴国于氏本之异同，旧书如此者众，《诗》之齐、韩殊字，《书》之今古异文，宜明其然，不必强为之决也。本书《杂记下》嵇康撰《高士传》一段，后有“苏代所言”至“若斯而已也”四十七字，小字夹行，此即附存上段之别本异文也。《史官篇》“观乎周秦以往”一段，“增其壮观”句下，亦附小字夹行，云“既而自历行事”至“功赏相副”五十五字，此亦附存上段别本异文也。知历唐至宋明，传本同异非一，旧刻皆存之，以备观省，不轻为取舍，意美法善，则持此例彼，于陆、郭、二张《曲笔》《鉴识》同异无容轩轾也。郭、张同据宋刻，何镗必谓张本在郭本之上，固未必然，今校郭本，知郭氏固无大失，且多郭同于朱氏影钞宋本，而张及他本反与影宋本异者，召弓自云：“后见浦氏释本，叹其精核，虽并不言宋本，凡其作正字大书者皆宋本也。”实则召弓亦未见郭本，盖浦实以郭氏为蓝本，其不用郭本者，皆注于下云某一作某，亦不具见郭名，浦氏改字专辄，众论翕然，有目共睹，卢氏扬浦而抑郭，任情甲乙，岂足为定评欤？郭孔延云：“予家《史通》，间取蜀本、吴本再校之。”而篇中校语称宋本、蜀本，其吴本疑即宋本也。《品藻篇》“郁为不朽”，郭校语云：“宛，吴本作郁。”验之陆本，即作“宛为不朽”。此所云吴本，既非张之象，亦非张鼎思，自应是宋本。郭氏据之以校陆、张二刻，又知郭所据宋本确为吴刻，所据宋本不同，盖郭所据固为别一陆前宋本，而又异于张之象所见宋本也。惟郭氏序言：张睿父再刻陆校《史通》，“为增七百余字，去六十余字，而《曲笔》《因习》二篇，增补缺略，已成全书”。此则立言失检，殊滋疑误，睿父所增补为《曲笔》《鉴识》二篇，而《补注》《因习》二篇缺文，睿父固未尝增订也。《四库提要》不察原书，亦徒据郭序为说，后来著录家，或袭用之。《提要》又误为张氏增七百三十余字，复于《曲笔》《因习》二篇补其残缺，实则张增七百余字，即在《曲笔》《鉴识》篇中，于《因习》尤无与。《提要》又云“李维桢因张氏之本，略为评论”，实则张刻有缺，李评无缺，《提要》虽断断以论张氏之本，固知其并未见张本，即有之，亦未于检校后乃立言也。张氏自云：“家有抄本，又得二三抄本。”《提要》乃云：“不知其所增益果据何本。”诚亦疏也。《提要》所据云：“内府所藏旧刻，未有注文，视诸家犹为近古。”检之《天禄琳琅》，于《史通》不见宋元旧椠，于《评释提要》所云“知应是张鼎思本”，而纪之为《史通削繁》。以《曲笔》一篇验之，仍是沿浦氏之本，导源于郭，从未以张本校之，不曾一字及郭、张之异。丁松生因未见陆俨山、张睿父二本，于《敏求记》所谓《补注》《因习》《曲笔》《鉴识》四篇残脱疑误者，不解为何语，而依《群书拾补》所云：“《曲笔篇》中之一百九十九字在《鉴识篇》，因谓遵王所称残脱疑误者，大段不外是矣。”斯皆不详为探究，惝恍立言，益滋人疑者也。涵芬楼影印张鼎思本云，张删去俨斋两跋，今以陆、张二本对看，张于陆跋实无删削，《札记》徒据各家校语录为一篇，而未以各家所据底本以校张本异同，如张本第一卷末云“盖史之流品亦既久废”，郭本作“盖史之流品亦穷之于此矣，而朴散淳销，时移世异，《尚书》等四家其体久废”。张本夺二十一字，而增一“既”字以足文句，如此之例，倘徒录眉校，而不雠勘底本，俾但见张本者无以知各本异同，若竟以为各本皆然，众校如此，其疑误来学，不更深欤？《史通》自陆刻后，二张各有所补，外是则钱遵王藏有陆刻，自云“此本于脱简处一一补录完好，又经前辈勘对精允，凡标题行间者，皆别出手眼，览之真有头白汗青之感”，而讳言补录所据之本，未知其于二张、郭氏之外，更有所出耶？然召弓《群书拾补》云：又得冯已苍、何义门、钱遵王本，乃书中只一条及钱本异同，一卷“如昔《春秋》”之“昔”云“钱改法”。召弓自言未蓄郭本，而卷中言郭本乃六七见，此云“钱改法”者，校之郭本正作“法”。岂钱遵王本，即据郭书以校张刻，召弓先著钱本者一，盖后以钱本即郭本，遂径称郭耶？则矜钱而诋郭者陋矣！何义门称冯已苍本，卢召弓亦有之，乃二家校语中，于冯本同异，曾不数见，考之《曲笔》《鉴识》二篇，错简之说，冯同于郭，岂冯亦自郭出耶！《书志篇》中行五“桂树黄雀”，冯校“桂树”作“梓柱”，诸家本惟郭本作“梓柱”，是冯之出郭于此益明，各家校语偶见冯说，皆以意定耳，非别有据也。义门所云冯本评语者，岂即录自李、郭二家耶？顾涧蘋得张鼎思重刻，经孙潜夫用叶石君校定本对读，于脱简处一一补录完好，错误处仍皆移正，顾每叹其佳，校混并于一者宜最可贵。乃涵芬楼《史通札记》，不出孙氏一家，岂孙所资于叶者，明时刻本固已先据之耶？抑孙校混并于顾中，未能抉出之耶！诸本中惟此最先，宜最可贵也。抱经所校最详影钞宋本，而何义门次之。涵芬楼所校最详张之象本，何、顾二家次之，至称邓本者一家，十九依于卢，顾无甚足异，则是陆、张、郭本之外，惟影宋、玄超二本为足贵。校记则义门、抱经、涧蘋三家为足贵，以此就正于俨山、睿父，于《史通》倘十得八九，余本诚不必问也。孙潜夫本既在，涵芬楼亟宜专抉出孙本异同，俾叶校面目与世共见，倘更在各家上，未可知也。曩在北平，于厂肆（天禄）见校宋本一部，即以浦氏《通释》为底本，逐页签校，云宋本作某，每签皆有童声小印，疑即录自《群书拾补》，未甚错意，首册为徐行可氏索去，未得一校，寻其原委，文津阁本出自内府所藏旧刻，未能定其即系张鼎思本否？皆惟俟之异日耳。王、黄两本，谅无大异，以皆出自郭本，惟一校张之象本而已。《提要》于王损仲《史通训故》云：“卷首有维俭题识，称‘除增《因习》一篇，及更定《直笔》

《曲笔》二篇外，共校正一千一百四十二字’，然以二本相校，惟《曲笔》增入一百一（应作九）十九字，其《因习》《直笔》二篇，并与郭本相同，无增入之语，不知何以云然。”实则《补注》《因习》二篇之增补，自郭而不自王，《曲笔篇》一百九十九字之增入，亦自郭而不自王，损仲之说不审，《提要》之语亦失于检核也。自陆深本后，张鼎思补之，而郭氏又校正之，此为一系。张之象别据宋本，亦照对以陆氏本，又别为一系。至王惟俭依郭本而校以张之象本，始合二流于一。是后黄氏、浦氏并出于王，虽各有校正，然要无大出入也。

馆藏《史通》，初校者为张蕴华女士，三复详校者为冯壁如、田明谟两女士，兹撮其概要，述为此篇，深惭掠人之美，谨志于此，以表谢意。校稿全部藏馆，图于他日再付刊行。文通附识。

——原载1942年3月《图书集刊》创刊号

评《学史散篇》

双流刘鉴泉先生年未四十而殁，著书已百余种，先生于宋明史部、集部用力颇勤，《史学述林》《文学述林》两著持论每出人意表，为治汉学者所不及知，张孟劬先生所称为目光四射、如球走盘，自成一家之学者也。先生殁已三年，余始于燕市获见此册，犹封存印书局，尚未流行。其书首《唐学略》，次《宋学别述》，次《近世理学论》，次《明末二教考》，次《长洲彭氏家学考》。前二篇最宏大杰出，第三篇立论殆别有旨，末二篇备言近世宗教史之故，事亦最奇。五篇近五万言，搜讨之勤，是固言中国学术史者一绝大贡献也。

中国学术，建安、正始而还，天宝、大历而还，正德、嘉靖而还，并晚周为四大变局，皆力摧旧说，别启新途。魏晋之故，迩来注意及之者已多。而晚唐、晚明之故，则殊少论及。先生于唐推韩愈先后及并时之人，以见古文流派之盛。由因文见道之说，而寻其思想，以见孟、荀、扬雄、王通所以为世尊仰，而佛老所以逢诃斥，六朝唐初之风，于此丕变，以下开两宋。凡表见二百三十人，师友渊源，及其讲学义趣，若示诸掌，则唐学于此可寻，信可谓绝伦也。

考李舟《独孤常州集叙》曰："天后朝广汉陈子昂独溯颓波，以趣清源，自兹作者，稍稍而出。先大夫（李岑）尝因讲文谓小子曰：吾友兰陵萧茂挺（颖士）、赵郡李遐叔（华）、长乐贾幼几（至），洎所知河南独孤至之（及），皆宪章六艺，能探古人述作之旨。"与此篇所举独孤作《李华中集序》、梁肃作《李翰集序》，同以萧、李、贾、独孤并称，信四家为天宝以来文学之巨擘，实唐古文家之公论。此篇揭橥四家，诚得纲维。又益之以李华《三贤论》，而冠元、刘二家于首，以示先河，尚不为赘。持此以嘲论文者徒举韩、柳，固足以破数百年来选家之庸昧。然既曰唐学，似不必侧重于文，事不孤起，必有其邻，有天宝、大历以来之新经学、新史学、新哲学，而后有此新文学（古文）。由新文学之流派以见一般新学术之流派则可，惟论新文派以及其思想，而外一般新学术，将不免于隘。唐之新经学、新史学，其理论皆可于古文家之持说求之，是固一贯而不可分离者。吕温学古文于梁肃，肃学于独孤及，梁肃而下，由韩愈而皇甫湜，而来无择，而孙樵，其渊源可谓盛也。温之《与族兄皋请学〈春秋〉

书》，此可代表一般古文家对于经学之意见，亦即一般新经学之目标。温书曰：

> 儒风不振久矣，夫学者岂徒受章句而已，盖必求所以作人，日日新，又日新，以至乎终身。夫教者岂徒博文字而已，盖本之以忠孝，申之以礼义，敦之以信让，激之以廉耻，过则匡之，失则更之，如切如磋，如琢如磨，以至乎无瑕。魏晋之后，其风大坏，于圣贤之微旨，教化之大本，人伦之纪律，王道之根源，荡然莫知所措，则我先师之道，其陨于深泉。是用终日不食，终夜不寝，驰古今而慷慨，抱坟籍而大息。小子狂简，与兄略言其志也。其所贵乎道者六：其《诗》《书》《礼》《乐》《大易》《春秋》欤？人皆知之，鄙尚或异。所曰《礼》者，非酌献酬酢之数、周旋裼袭之容也，必可以经乾坤，运阴阳，管人情，措天下者，某愿学焉。所曰《乐》者，非缀兆屈伸之度、铿锵鼓舞之节也，必可以厚风俗，仁鬼神，熙元精，茂万物者，某愿学焉。所曰《易》者，非揲蓍演教之妙，画卦举繇之能也，必可以正性命，观化元，贯众妙，贞夫一者，某愿学焉。所曰《书》者，非古今文字之舛、大小章句之异也，必可以辨帝王，稽道德，补大政，建皇极者，某愿学焉。所曰《诗》者，非山川风土之状、草木鸟兽之名也，必可以警暴虐，刺淫昏，全君亲，尽忠孝者，某愿学焉。所曰《春秋》者，非战争攻伐之事、聘享盟会之仪也，必可以尊天子，讨诸侯，正华夷，

绳贼乱者，某愿学焉。此于非圣人所论，不与于君臣父子之际，虽欲博闻，不敢学矣。

斯旨也，古文家对六经之旨，亦即新经学派之旨也。所谓新经学者，啖助、赵匡、陆质之徒是也。凡新经学皆与古文家师友渊源相错出，力排唐初以来章句之经学，而重大义，故温复学《春秋》于陆质。《萧颖士传》："于是卢异、贾邕、赵匡、柳并皆执弟子礼，以次受业。"而陆质即学于赵匡，匡又学于啖助。啖、赵、陆以《春秋》鸣，而萧颖士、独孤及、梁肃、吕温以古文鸣，其师友渊源之相密接如此。《新唐书·儒学传》言："啖叔佐善《春秋》，考三家短长，缝绽漏阙，号《集传》。赵匡、陆质传之，遂名异儒。大历时，助、质、匡以《春秋》，施士匄以《诗》，仲子陵、袁彝、韦彤、韦茝以《礼》，蔡广成以《易》，强蒙以《论语》，皆自名其学。"殆皆唐之异儒也。啖、赵之于《春秋》，亦卢仝"《春秋》三传束高阁，独抱遗经究终始"之意也（窦群从卢庇受啖氏《春秋》）。萧颖士亦明于《春秋》者也，施士匄以《诗》，亦以《春秋》，文宗所斥为"穿凿之学，徒为异同"者也。刘轲善古文，其从寿春杨生，生以传《书》为道者也，而轲亦著《三传指要》。韦处厚学古文于许孟容，孟容者，传父鸣谦之《易》学，韦处厚复学经于刘淑，淑为禹锡之父，禹锡称为先仆射者也，而禹锡亦以文鸣。若樊宗师之作《春秋集传》，苏源明之传《元包》，此古文家也，而为新经学者。下逮陆龟蒙犹以古文后劲宗啖、赵《春秋》。宗经复古者，实唐古文家之标的，故新文学与新经学同为气类，而下启柳开、穆修、孙复、刘敞，故古文家言文必曰“取之六经”，再则曰“效扬雄、王通之辞”，唐之异学固古文之贤也。若萧颖士又以《春秋》之法施之于史，编年盛而褒贬义例之说兴。颖士《与韦士业书》曰：

> 孔圣因鲁史记而作《春秋》，托微辞以示褒贬，惩恶劝善。有汉之兴，旧章顿革，纪传平分，其文复而杂，其体漫而疏，事同举措，言殊卷帙，首末不足以振纲维，支条适足以助繁乱，于是圣明笔削之文废矣。仆欲依鲁史编年，著《历代通典》，于《左氏》取其文，《穀梁》师其简，《公羊》得其核，综三传之能事，标一字以举凡，扶孔、左而中兴，黜迁、固为放命。

《新书·萧颖士传》称：

> 颖士谓《春秋》为百王不易之法，而司马迁作本纪、世家、列传，不足为训，撰编年依《春秋》义例，书高贵乡公之崩，则曰司马昭杀帝于南阙，书梁敬帝之逊位，则曰陈霸先反。黜陈闰隋，以唐土德承梁火德，此自断诸儒

不与论也。有太原王绪撰《永宁公辅梁书》，黜陈不帝。颖士佐之，亦著《萧梁史谱》，及作《梁不禅陈论》，以发绪义例。

法《春秋》之黜陟褒贬，此固新史学之标的也。刘轲亦曰："自《史记》《班汉》以来，秉史笔者余尽知其人也，余虽无闻良史，至于实录品藻，增损详略，亦各有新意，常欲以《春秋》条贯，删冗补阙，掇拾众美，成一家之尽善。"柳冕亦曰："司马迁过在不本于儒教以一王法。夫圣人之于《春秋》，所以教人善恶也，修经以志之，书法以劝之，立例以明之，故求圣人之道，在求圣人之心，书圣人之法，法者凡例褒贬是也，而迁舍之，《春秋》尚古，而迁变古，由不本于经也。"盖自是以来，义例褒贬之说盛，陆长源、沈既济之徒，皆以义例言史。而皇甫湜《东晋元魏正闰论》亦即沿颖士以兴，下逮于宋欧阳修、苏轼、陈思道《正统论》继之。义例之说，欧阳修《新唐书》《新五代史记》，尹师鲁《五代春秋》，吕夏卿《唐书直笔》继之。编年之体，自此遂以大盛，非复唐初专师《汉书》之风。此类作者，亦皆古文家也。柳冕者，柳芳之子，而柳并、柳谈之宗，亦源于萧颖士，柳镇亦其族，而宗元者又镇之子也。此皆明新史学之与古文家为辅车相依。至孙甫、苏洵、司马光而褒贬正闰之说以息，此新史学之又一进也。有唐之古文以反六朝之俪体，而开宋之古文，有唐之新经学、新史学以反唐初正义、五史一派，而下开宋之经史学，其义一也。此义似不可忽。

若刘先生又谓：“退之于学术诚有变革之功，然其学实枵浅无可言。综其议论，不过三端：一曰矫骈俪之习而倡古文，二曰矫注疏之习而言大义，三曰惩僧道之弊而排佛老。退之之言孔子传之孟子，孟子纯乎纯者，荀与扬大纯而小疵，似专宗孟而实不然，诸人于孟子之旨固多不明。”斯言亦为稍过，退之论不二过，究心于诚明之说，欧阳詹从而申之。退之论性三品，皇甫湜从而申之，皆以益邃。至李习之《复性书》三篇，已足以启千古之长夜，与伊洛之旨，犹响斯应。溯而上之，陆质之《删东皋子集序》曰：“亡所拘而迹不善教，遗其累而道不绝俗。”斯固直内方外之旨，合道器于一，盖已确有所立。下迄皮日休、陆龟蒙，其视孟子固不与荀、扬同科，皇甫湜尤揭性善之旨，谓与经合（惟杜牧之说颇是荀卿，两家皆出于三品说）。而独大历以还，于义理之说，概乎无闻，则忽于陆质、李翱以来之文之故也。大历以来，论天、论《易》、论性、论诚，实以《中庸》《孟子》为中心，信可谓已知所讨究，下逮欧阳，于《复性书》曰：“此《中庸》之义疏耳，不作可焉。”则唐人之意，至宋不能尽识者有之，而概以枵浅目之，未免过苛。由《孟子》性善而及于《中庸》

诚明，已不可消以肤末，所未逮于伊洛者，尚未及《大学》诚意之旨耳。（程、朱以《大学》有错简，是犹未尽《大学》之旨，阳明主古本，盖《大学》“意”之一字，至姚江良知之说而后明。）若以其不尽得孟氏之旨而少之，则自刘轲《翼孟》、林思慎《续孟》以来，及于宋冯休《删孟》、司马《疑孟》，苏轼、李觏，尚多非辩七篇，即尊信孟氏若王安石，学之深淳如两程氏，于孟氏亦未能尽同。北宋一代实无纯同于孟氏者，下至晁以道、余允文而争议始息。南渡以来，然后于七篇无异辞，故相反若朱元晦、唐与政，而于孟氏不容有一言之出入则无不同，是又乌得以不尽同孟氏为唐贤病？（窃谓孟、荀并论为未得孟氏，及于《中庸》诚明而专尊孟氏，为韩愈以来一进境，至贾同责荀，而其义始大畅耳，又至南渡乃笃信孟氏以绌扬雄、王通，则视北宋又别，是皆学术发展之阶段，未可忽者。）若曰轲之死不得其传焉，曰孟子功不在禹下，曰荀、扬大纯而小疵，一再言之，斯岂无据而偶焉为是说耶？知其师友之间，玩索六经之际，固已悠然以会于心，而有默然以相启者也。故唐之古文家曰文以载道，自有其所载之质，而后形之于文，非徒因文以见道也。犹有进者，宗经复古，崇仁义，宗孔、孟，贵王而贱霸，其事犹非一朝夕所能及也。自尹知章遍注《老》《庄》《管》《韩》《鬼谷》（见本传），赵蕤《长短经》综纵横儒法自成一家，他若来鹄之于《鬼谷子》，皮日休之于《司马法》，韩愈、柳宗元于《墨子》《列子》《荀卿》《鬼谷》，皆尝出入，杜牧于《孙子》，杨倞于《荀子》，卢重玄于《列子》，其议论尚可寻，至《唐书》志、传所载贾太隐、陈嗣古于《公孙龙》，胜辅于《慎子》，而杜佑于《管子》，陆善经于《孟子》，皆为之注，而《太玄》《法言》，注者尤多，是皆反六朝隋唐传统之学者，亦先乞灵于晚周百家之说，稍进而儒家之说，孟、荀、扬、王之说乃独显，而孟始特尊。由先有解放之运动，而渐辟新途，于是经史文学，迥与昔异，而义理之旨乃隆。至《隐书》《谗书》《两同书》《化书》《素履》《无能》《伸蒙》《续孟》，皆足见解放之风，与渐入于孟氏之域，波澜之阔，虽似不及魏晋，而研精反约，主《中庸》，尊《孟子》，若又过之。

刘先生析《唐学略》为二章：（一）《古学者略表》，大体就古文一家论，似失之隘；（二）《实学略论》，忽于唐之新史学未得其要，则泛及于唐初五代史，并三史注，元行冲《老》《庄》之注，及《三教珠英》之类，下及苏冕《会要》，斯皆无与开天、大历之风气。似初本由论唐文，以渐及其他，故二章不相应，而于唐人学术体系翻有未融，斯殆由刘先生深恶编年义例之说，而笃信道家之言。故忽唐之新史运动（《史学述林》言："北宋史家著史，皆有所长，然于史学皆无所论说。”此即由刘先生忽视唐人史说而然，一究唐之新史学，而北宋史家之意了然无待论也，吾已别于《宋代史学》详论之），不喜人排佛道。故卑视唐人之思想，是或一蔽也。要之，曹爽之难，而何宴、丁谧皆及于祸，王叔文死而吕温、陆质、刘禹锡、柳宗元皆败，是皆欲以新学术运动为新政治运动，与清之戊戌变法事同一辙。叔文于数月间召陆贽阳城，而罢德宗秕政（免进奉、蠲诸色、罢宫市、五坊小儿等），其锐然自诩，互相推奖曰伊、曰周、曰管、曰葛，其自任者重，亦以所挟者贵也。乃不幸而败，而史氏以丑词诋之，斯亦有待于连类辨证者也。

大历以还之新学虽枝叶扶疏，而实未能一扫唐之旧派而代之，历五代至宋，风俗未能骤变也。旧者息而新者盛，则在庆历时代，然后朝野皆新学之流，五季宋初，新派学者，皆潜在草野，若孔维、邢昺、杜镐、舒雅之校撰群经正义，刘昫、薛居正之撰旧《唐书》《五代史》，文则四六，诗则西昆。《太平御览》《册府元龟》《文苑英华》之集，皆旧派也。盖沿《北堂书钞》《艺文类聚》之风。朝列所登，多吴、蜀旧臣，显途皆属旧派。而唐以来之新派，皆潜伏无声华。种、穆、柳、孙既皆肥遁，而隐居以经术文章教授者尤多，研几则以《易》，经世则以《春秋》，此固源于唐之新学者也。陆游曰：“《易》学自汉以后浸微，宋兴有酸枣先生，以《易》名家，同时种豹林亦专门传授，传至邵康节遂大行于时。”《东都事略》言：“王昭素，酸枣人，著《易论》三十篇，李、穆而下，有闻于时者，皆其门人也。子仁，亦有潜德。”晁公武言：“昭素隐居求志，行义甚高。”赵汝楳言：“《易》灾异于西汉，图纬于东都，老、庄于魏晋之交，赖我朝王昭素、胡安定诸儒挽而回之。”则酸枣先生于《易》学所系之重也。陈振孙言：“皇甫泌著《易解》，其学得之于常山抱犊山人，而萧阳、游中传之，山人不知名，盖隐者也。”《东都事略》言：“陈抟不乐仕进，隐居武当。”又言：“种放隐居终南山豹林谷，闻陈抟之风，往见之。”张齐贤称：“放隐居求志，孝友之行，可励风俗。”又言：“穆修师事陈抟，而传其《易》学。方是时，学者从事声律，未知为古文，修首为之倡，其后尹源与弟洙始从之学古文，又传其《春秋》学。”（《宋史》言：“苏舜卿辈亦从修学《易》。”）又言：“高弁从种放学于终南山，又学古文于柳开。”陈振孙言：“王洙著《周易言象外传》，其序谓学《易》于处士赵期。”文彦博言：“武陵先生龙君平，陵阳人，藏器于身，不交世务，闭门却扫，开卷自得。”范仲淹言：“岷山处士龙昌期，论《易》深达微奥。”是见宋初新学诸儒，守唐人异学，皆避世无闷，风操峻远。邵雍、胡瑗、孙复，何莫非幽栖岩穴，潜心道微，然后能光大其途。流风既广，而后能袪千载之弊，一洗空之。初宋以还，其人既众，其学亦博，若舍《易》《春秋》之传而专详陈抟、刘牧、周、邵之渊源统系，则似宋初之学唯《太极》《先天》《洛书》《河图》之传耳，将转有伤于柳、穆之宏大，其所表见者八十余人，亦将暗然无光矣。盖自唐季以来，学术猥鄙，风俗颓薄，宋兴尚未能革。刘先生言“庆历以前先沿南而后则沿北”者，实先之显学与后之显学有殊，非北之寇、晏学南之王、钱，南之欧、曾、王、苏学北之柳、穆、孙、石，经五季之乱，文章在南，晏、寇一仍旧贯耳。庆历以后新派勃盛，无南北皆新派也。李方叔《师友谈记》：“欧阳公《五代史》最得《春秋》之法，盖文忠公学《春秋》于胡瑗、孙复。”柳、孙一派，殆至欧公而后显。自是以还，政治学术，皆焕然一新，涤荡污蔓，拔一世于清正之域。自天宝、大历以来发其端，至庆历而后盛，中间埋没无闻者不知凡几，其仅存者，而说学术史者（黄、全《学案》）、文学史者（诸古文选本）又不道及，非鉴泉先生之博学笃志，则宋之学将莫知其所以始，而唐之学莫知其所以终，则此区区两表，于文化史之贡献，亦云伟矣。

至论吕学、王学、苏学三篇，于考核渊源，皆极明备，所益者多。论吕学颇有刘先自况之意，亦不免于有道家之见，于王、苏两论，广其流于李邦直、叶少蕴、秦少游、张文潜，具见博大深入，尤以李、张为最精。新、蜀两派，原与洛学抗衡，此论出而后二派之学，本末源流始具。鄙意尚有应附此三篇而论者，则此三家于南渡学派之关系也。南渡之学，以女婺为大宗，实集北宋三家之成，不仅足以对抗朱氏，而一发枢机系于吕氏。以北宋学派应有其流而南宋应有其源也。北宋之学重《春秋》而忽制度，南渡则制度几为学术之中心。考陈振孙言："王昭禹《周礼详解》，其学皆尊王氏新说。"王与之言："三山林氏祖荆公与昭禹所说。"指林之奇《周礼全解》也。林氏之学出于吕氏，而成公又从林氏学，故王应麟云："少颖说《书》至《洛诰》而终，成公说《书》自《洛诰》而始，则伯恭之于少颖，非泛泛也。"盖自荆公主变法师《周官》，其徒陆佃、方悫、马晞孟、陈祥道继之，为王门说《礼》四家，而制度之学稍起，魏了翁所谓方、马、陈、陆诸家述王氏之说者也。至于林、吕而女婺经制之学以兴。《浙江通志》言："龚原少从王安石游，笃志经学，永嘉先辈之学以经鸣者，渊源皆出于原。"此女婺之学有源于王氏者，不可诬也。王淮言："朱（晦庵）为程学，陈（龙川）为苏学。"《隐居通义》言："灵卧吴先生曰：近时水心一家，欲合周、程、欧、苏之裂。"此女婺之学远接苏氏，又不可诬也。盖庆历而后，程、王二派皆卑视汉、唐，故轻史学，北宋史学一发之传，则系于苏，故至南渡，二李三牟，上承范氏，史犹盛于蜀。史称王应麟与汤文清讲西蜀之史学、永嘉之制度是也。女婺之学偏于史，可谓远接苏氏之风乎！吕、叶、二陈皆以文名，固亦规摹苏氏，故朱子有伯恭爱说史学，护苏氏尤力之说。其先后相承脉络固若此，而后人必以女婺之学系伊洛一派，然其为学本末，判然与伊洛不侔，彰彰可知，以女婺之学亦有本之伊洛则可，谓纯出于伊洛则不可。黄溍曰："婺之学有三家焉，陈氏先事功，唐氏尚经制，吕氏善性理，在温则王道甫尝合于陈氏，而其言无传，陈君举为学皆与唐氏合，叶正则若与吕氏同所自出。"袁桷曰："女婺史学之盛，有三家焉：东莱之学据经以考同异，而书事之法得之于夫子之义例，以褒贬而言者非夫子旨矣。龙川陈同甫急于当时之利害，召人心，感上意，激顽警偷，深以为世道标准。说斋唐与政搜辑精要，纲挈领正，俾君臣得以有考，礼乐天人图书之会粹，力返于古。"盖女婺之学，萃洛、蜀、新学三家于一途，吕氏尚性理，则本于程者为多，唐氏尚经制，则本于王者为多，陈氏先事功，则本于苏氏者为多，既合三而为一，复别一而为三，衡学术流别，斯又未可置而不论也。明时俗学类书一派，多本之陈君举，故四库于吕、唐典制之作，悉收入类书，而策论一派，导源苏氏，言纲目义例一派，源于洛，末流之弊，可胜言哉！

总刘先生之书观之，殆意在补黄、全《学案》之不足。若《学案》于浙东之学，不具纲维，上则混其渊源于伊洛。吕、叶之徒，下及元明，柳贯、黄溍、吴莱一辈也，宋濂、王祎、胡翰又一辈也，而终于方孝孺，所谓金华文献之传者也。皆本经制为文章，实上承女婺，渊源亦可考，《学案》又不能详，而混其系统于朱元晦，其学之本末不侔于朱，犹陈、叶之不侔于程，黄、全必主于洛、闽，不惜割裂变乱其系统而淆之，于其为学大体，又未能具言。黄、全为清代浙东史学巨擘，吾是以知清代之浙东史学，固未足与言宋代之浙东史学，斯亦有赖于补正者也。姑因刘先生论王、苏、吕氏三家之学而发之，若《明儒学案》之编立姚江派，与程朱派范镐鼎之《理学备考》，正可相发，亦可取彼益此，以稍见一代规模，无使后人疑有明一代姚江之学遍于天下，而程朱几乎熄矣，况又有正德、嘉靖以来反宋明文章学术之一大宗乎？两《学案》自具宗旨，不必过责，而言宋明学者仅知此则陋矣。刘先生于《近代理学》一篇，意在合清世考据家于理学，自别有旨，不欲以鄙意衡之，而特述鄙意与刘先生相合而偶足以补其遗者。刘先生述及关中李元春，而未及其流。案清末西北理学，有炽然复兴之势，与李元春同时者有倭艮峰、苏菊邨、李文园，皆中州人。而李氏之流独广，其弟子之著者有杨损斋、贺复斋、薛仁斋。贺氏之门著者有牛梦周、张葆初，并时关中又有柏子俊、刘古愚。是皆西北之俊，关中之先觉也。其源远而流长，亦不可以弗论。吾求其书殆十数年而后备，将二十种，刘先生殆未之见，故言之亦未详。吾读刘先生书，叹未曾有，足以开人心目。聊陈管窥，补其阙遗，正其统纪，以为读刘先生书者之一助。惜不得起亡友与共详之。所幸通人硕彦，不吝匡吾两人所未逮，以起千余年来之坠绝，于承学之士，不无稍补也。

——原载1935年6月《图书季刊》第二卷第二期

跋华阳张君《叶水心研究》

经学莫盛于汉，史学莫精于宋，此涉学者所能知也。汉代经术以西京为宏深，宋代史学以南渡为卓绝，则今之言者于此未尽同也。近三百年来，宗汉学为多，虽专主西京其事稍晚，然榛途既启，义亦渐明。惟三百年间治史者鲜，今兹言史者虽稍众，然能恪宗两宋以为轨范者，殆不可数数觏，而况于南宋之统绪哉！双江刘鉴泉言学宗章实斋，精深宏卓，六通四辟，近世谈两宋史学者未有能过之者也。余与鉴泉游且十年，颇接其议论。及寓解梁，始究心于《右书》《史学述林》诸编，悉其宏卓，益深景慕。惜鉴泉于是时已归道山，不得与上下其论也。后寓北平，始一一发南渡诸家书读之，寻其旨趣，迹其途辙，余之研史，至是始稍知归宿，亦以是与人异趣。深恨往时为说言无统宗，虽曰习史，而实不免清人考订獭祭之余习，以言搜讨史料或可，以言史学则相间犹云泥也。于是始撰《中国史学史》，取舍之际，大与世殊，以史料、史学二者诚不可混并于一途也。

华阳张君，精究于史，撰《叶水心研究》一编，凡数万言，发摘旨要，穷其底奥，倘所谓能自得师者耶！不以余之肤庸，时相就讨论，且曰：将于南渡吕、唐、二陈诸家，一一为之董理如治叶氏。闻足音于空谷，能不使人蛩然而喜乎！余谓南渡之究史者众矣，而实以三派六家为最卓。其与北宋异者，自欧阳、司马之倚论史不言制度，而南宋诸家则治人与治法兼包，义理与事功并举，班、荀以降，言史固未有忽于典制数度者也。自孙甫作《唐史记》，谓礼、乐、兵、刑、钱、谷之事则有司存，为史者难乎其备载也，于是庐陵、涑水之书，其于朝章政典皆略而不言，盖“治在人不在法”者，固北宋一代之恒论也。南渡诸家，迥异于是。王祎言：

> 圣人之经，儒者之传，诸子百家之著述，历代太史之记录，以及天文、地理、律历、兵谋、术数、字学、族谱之杂出，皆学者所当读而通之者也。虽然，学问无穷，诚有不能遍观而尽识者。惟圣人之经，则弗可以莫之究也。先王之道，所以立天下之大本，先王之制，所以成天下之大业，皆于是乎在。乃自厄于秦，训诂于汉，愈传而愈失，时异事易，愈变而愈非。宋河南程子、关中张子者出，始克实践精讨。而圣贤明德之要，帝王经世之规，所以垂宪后世者，乃大有所发明。其后朱文公、张宣公、吕成公，一时并兴。而

当其时，如永嘉薛氏、郑氏、陈氏、叶氏，闽中林氏，永康陈氏，后先迭出，各以所学自成其家。大抵均以先王之道为己任，以先王之制为必行。

苏天爵言：

南渡之初，一二大贤，既以其学作新其徒，吕成公在婺，学者亦盛。同时有声者，有薛（季宣）、郑（景望）之深淳，陈（傅良）、蔡（幼学）之富赡，叶正则之好奇，陈同甫之尚气，亦各能自名家，以表见于世。其为文也，本诸圣贤之经，考求汉唐之史，凡天文、地理、井田、兵制，郊庙之礼乐，朝廷之官仪，下至族姓、方技，莫不稽其沿袭，究其异同。

此见南宋诸贤治学之风范，与夫其人之众也。袁桷曰：

女婺史学之盛，有二家焉：东莱之学，据经以考同异，而书事之法，得之于夫子之义例，以褒贬而言者，非夫子旨矣。龙川陈同甫，急于当时之利害，召人心，感上意，激顽警媮，深以为世道标准。说斋唐与政，搜辑精要，纲挈领正，俾君臣得以有考，礼乐、天人、图书之会粹，力返于古。

黄溍曰：

婺之学，有三家焉：陈氏先事功，唐氏尚经制，吕氏善性理，在温则王道甫尝合于陈氏，而其言无传，陈君举为说皆与唐氏合，叶正则若与吕氏同所出。

是事功、经制、性理为三派，而陈同甫、王道甫、唐说斋、陈止斋、吕东莱、叶水心为六家，此其卓卓最著者也。六家之学，唯王道甫其言无传，议论行事仅见于鹤山魏氏之书，他皆灿然具在，端绪可寻，言史以南宋为宗者，端在是也。抑又言之，三派六家实以东莱吕氏为之率。宋濂言：

东莱以中原文献之传，倡明道学于婺，丽泽之益，迩沾远被。龙川既居同郡，又东莱之从表弟，虽其志在事功，不能挈而使之同，反复磨切之，其议论或至夜分，要不为不至也。止斋留心于古人经制，三代治法，虽出于常州者为多，至于宋之文献相承，所以垂世而立国者，亦东莱亹亹为言之，而学始大备。

是六家之言虽或有殊，而吕成公实为之倡导，故其为学，若殊途而实同归，以与考亭之传颉颃抗垒。自吕、叶诸家而下，楼昉、陈耆卿、叶邦、王瀚为一辈，王拂、徐侨、王柏、吴子良为一辈，王应麟、车若水、舒岳祥、金履祥为一辈，吴师道、戴表元、闻人梦吉、许谦为一辈，柳贯、黄溍、吴莱、袁桷为一辈，宋濂、王祎、胡翰、戴良为一辈，以迄于方孝孺，其流若斯之永也。考其学风，皆祖尚吕、叶、二陈，所谓金华文献之传也。自梨洲、谢山作《宋元学案》，若黄、柳、吴、戴、王、宋之俦，皆系之朱学之统，谓诸家兼宗考亭则可，谓其直出于考亭则未可也。原黄、全之书本为理学而作，诚不得不以理学之统绪为统绪。乃迩日言浙东史学者，于此不能辩正，仍据黄、全陈说以为言，可谓知学术之本者乎？即于六家之渊源，立言之惑固亦如此。谓吕、陈诸家之学有出于伊洛则可，谓悉本之伊洛则不可，斯亦不能读黄、全书者之过也。考北宋之学，以二程、苏、王为大宗，蜀学行北，逮乎女真南下，其风不衰，洛学、新学则行于南。女婺之学，实合北宋三宗于一途。溯其学脉之承，由荆公而龚原，而邹浩，而吕本中，而林之奇，而东莱，彰彰若是。荆公而上则欧阳永叔，李方叔《师友雅言》又以永叔为受《春秋》于孙明复。而二陈、叶氏之传，皆源于郑氏、芮氏，以上接泰山、安定，胥可按籍而稽，自有渊源，不必系之伊洛以相淆混也。原始要终，女婺之学，自有其源委，既合三而为一，复别一而为三，导始于北宋之初，流衍于元明之际，洋洋浩浩，足为壮观。其于道之精粗、政之本末，皆于是乎备。

余少年习经，好西汉家言。壮年以还治史，守南宋之说，是皆所谓于内圣外王之事，无乎不具也。近校印拙著《儒学五论》方竣，于西汉之学殆略推论之也。兹因张君之作为叙录南宋之学若此，冀于六家之言及其始末之故钩稽而抉择之，以确著论史之准的，张君其奋勉以赴之，余与薄海之人举跂踵以观其成也。丙戌仲夏蒙文通书于澹飋阁。

——据手稿整理

致柳翼谋（诒征）先生书

一九三四年九月

翼老著席：

奉读来教，知寿人兄允于明春入蜀，真为川大青年庆幸。文通暑期中在平，略读东莱、水心、龙川、止斋诸家书，欲以窥宋人史学所谓浙东云者。求唐书，惟得《帝王经世图谱》与《金华唐氏遗书》。全谢山曾于《永乐大典》中钞出说斋诗文，在平访之，友知皆云未见，不审江浙间犹有之否？伏乞有以指示。

窃以北宋之学，洛、蜀、新三派鼎立，浙东史学主义理、重制度，疑其来源即合北宋三派以冶于一炉者也。黄晋卿言：婺之学，陈氏先事功，唐氏尚经制，吕氏善性理，王道甫合于陈氏，陈君举与唐氏合，叶正则与吕氏同，于此可谓三派六宗乎？袁伯长亦言：婺源史学之盛有三家焉：东莱之学据经以考同异，龙川陈同甫急于当时之利害，说斋与政礼乐天人图书之会粹。黄、袁之说同，似浙东史学者，此三家其卓卓者；而说斋之集不可得见，诚使人引为憾事。读说斋《九经发题》，于《孟子》一篇，深得义理之正，不悖濂洛之旨，徒以与晦庵忤，遂为人轻，诚大可惜。若其《鲁军制九问》，本历史之见地，说经制之沿革，一贯真切，此类真非清代汉学考据家可几及。凡东莱、水心说制度皆类此，切事情而又得前人制法之意，尽有超越汉师处，乃清儒一概屏之，此真清代史学不讲之过。黄梨洲、全谢山世推浙东理学家，乃《学案》一书，于诸家史学不论及，而于学派源流亦若未晰。其书本义理，不及史学可也，而一归之为洛学之徒，其传及于明初王、方，于其流亦足以见其源，而并以为朱之徒，恐黄、全于宋人浙东史学实有轻心处耳。

伊洛抗志孔孟，自卑汉唐；荆公推《周官》，欲以致君尧舜，亦卑汉唐；而浙东邃于史，则疑其非伊洛之举也。荆公重制度而贬《春秋》，伊洛一派重《春秋》。浙东学者重制度、说《周官》，其于《春秋》不徒以褒贬，又疑其非伊洛之传，而有接于新学之统也。

陈振孙言：王昭禹作《周礼详解》，其学皆宗王氏新说。王与之言：三山林氏之奇有《周礼全解》，祖荆公、昭禹所说，而东莱学于林之奇，林解《尚书》未完，东莱补之，则非泛泛传授。而之奇直祖荆公，则浙东经制之学非远接王氏何耶？况吕大中父子实师王氏，亦汪玉山、林三山学所出，而东莱又师二子，此足明浙东制度之端绪也。（叶水心言：诸儒方为制度新学，钞记《周官》《左氏》汉唐官民兵财所以沿革不同，此指陈君举辈言之，新学当是正指荆公，此又一证也。）

程、王之学不谈史，而浙东之儒言之。王淮言朱熹为程学，陈同甫为苏学。《隐居通议》亦言水心欲合周、程、欧、苏之裂。朱子亦曰：伯恭生怕人说异端俗学之非，护苏氏尤力。此见浙东史学与苏气脉之相关。

盖二苏自谓家学，以古今成败得失为议论之要，其学自本乎史。叶水心谓李氏《续通鉴》，《春秋》以后才有此书。而李心传《系年录》，实祖《续通鉴》。牟子才《读书次第》云：要把二岩书贯穿。谓巽岩与秀岩二李氏。黄晋卿言：渡江后，蜀之文章萃于东南，牟氏父子为蜀士之望，擅文章之柄而雄视乎东南者，大理（巘）一人而已。隆山（应龙）世其家业，有闻于史学，学者有所不知，必之先生而考质焉。于前朝制度之损益，故家文献之源流，如指诸掌。盖苏以史学为本，而二李为蜀中史学之冠，牟氏得李氏心传史学端绪（宋濂语）以入浙，浙中学者被其风，宗法苏、李，遂与伊洛之义理、荆公之制度合而为一途。金华之传，文章之士尤多，明宗苏之效乎？

苏天爵序《柳贯集》曰：南渡吕成公、薛季宣、郑景望、陈傅良、蔡幼学、叶正则、陈同甫各能自名家，皆有文以表见于世。其为文也，本诸圣贤之经，考求汉唐之史，凡天文、地理、井田、兵制、郊庙之礼乐、朝廷之官仪，下至族姓、方技，莫不稽其沿袭，究其异同。此见浙东之文章本之经史，以义理、考证润饰辞翰，其末流亦大率如此，倘本之蜀者，尤多合北宋三派以为一者也。而又小别有三，若以流弊言之，凡明以来之策论派，刘、苏之余波；纲目书法，此则义理说之余波；宋末缀辑制度之作，后亦流为类书。斯见北宋三派，萃于一则震烁古今，其末流则言多粪土也。诚以南渡后胡马窥江，故中国文物皆粹于东南，所以能成此绝学也。

秋初学年开始定课，遂不揣浅妄，拟授中国史学史一门，于六朝史学拟讨其体制，于宋则拟就《宋元学案》中提出有关系五六学案，而以各家文集之有关文字选以补入，溯其源为前编，及于北宋三派；竟其流为后编，及于宋濂、王祎，以完一宗本末。学俭识短，故陈其妄于左右，希详加教正，使误失稍鲜。而《唐说斋集》全氏所辑者，尤幸能得之。王道甫（自中）有《厚轩文集》，亦思求之。或于《名臣奏议》《宋文范》之类求得数篇否？

窃以中国史学惟春秋、六朝、两宋为盛，余皆逊之。于此三段欲稍详，余则较略。每种学术代有升降，而史学又恒由哲学以策动，亦以哲学而变异。哲学衰而史学亦衰，《国风》熄而《国语》兴，由《左》《国》观之，实由多数畸形之史体编辑而成。六代精于史体，勤于作史；宋人深于史识，不在作史而在论。六朝人往往不能作志，为之者亦勤于缀拾而短于推论。宋人则长于观变而求其升降隆污之几。若代修官书，及文人偶作小记，固未足以言史也。间有能者，而未蔚成风气，偶焉特出之才，不能据以言一代之学。子长、子玄、永叔、君实、渔仲，誉者或嫌稍过，此又妄意所欲勤求一代之业而观其先后消息之故，不乐为一二人作注脚也。伏冀谅其浅妄而详以诲之。

又东莱《大事记》之通释、解题，意在通经、子、集部以观世变，王祎续之，此亦浙东一派之传也。其书亦不见，未知可以踵武东莱否？江南可访其书耶？诸希赐示。来教以亲为公之说，精辟异常。天下为公者，儒墨所同，以亲为公者，墨所独创。可谓一言而定千载之纷、决两家之辨，无任佩快。

特此上达，敬颂撰安。　　　　蒙文通拜上　七日

赞虞、幼南两兄同此候好

——原载1982年12月《中国历史文献研究集刊》第二集